KNIT VEST

북유럽 조끼 손뜨개

HAZIMETE NO BOBARI AMI HOKUO NO ARAN & AMIKOMI VEST
by Apple mints
ⓒ Apple mints 2013, Printed in Japan
Korean translation copyright ⓒ 2014 by JEUMEDIA
First published in Japan by Apple mints
Korean translation rights arranged with E&G CREATES
through Imprima Korea Agency.

이 책의 한국어판 저작권은 Imprima Korea Agency를 통해 E&G CREATES와의 독점계약으로 제우미디어에 있습니다.
저작권법에 의해 한국 내에서 보호를 받는 저작물이므로 무단전재와 무단복제를 금합니다.

대바늘로 즐기는 북유럽 스타일 감성 니트

북유럽 조끼 손뜨개

applemints 지음 | 남궁가윤 옮김 | 송영예 감수

제우미디어

Contents

A 꽈배기와 다이아몬드 무늬 조끼
브이넥
● Page 26

B 꽈배기와 다이아몬드 무늬 조끼
후드
● Page 27

C 헨리넥 조끼
줄무늬
● Page 34

D 헨리넥 조끼
트위드
● Page 35

E 숲 무늬 조끼
앞트임 브이넥
● Page 40

F 달라호스 무늬 조끼
숄칼라
● Page 41

G 더블 버튼 조끼
쇼트 스타일
● Page 46

H 더블 버튼 조끼
롱 스타일
● Page 47

I 스탠드칼라 배색뜨기 조끼
부분 무늬
● Page 54

J 스탠드칼라 배색뜨기 조끼
전체 무늬 & 주머니
● Page 55

K 꽈배기 무늬와 멍석뜨기 조끼
슬래시트넥
● Page 64

L 꽈배기 무늬와 멍석뜨기 조끼
하이넥 & 롱 스타일
● Page 65

M 기하학무늬 브이넥 조끼
알록달록 밝은 색
● Page 68

N 기하학무늬 브이넥 조끼
세련된 모노톤
● Page 69

O 일자뜨기 조끼
쇼트 스타일
● Page 74

P 일자뜨기 조끼
스탠다드 스타일
● Page 75

◈ Ready	뜨개도안 보는 법 … 8	◈ Point Lesson	어깨 마무리하기 … 21
	첫 코 만드는 법 … 8		옆선 잇는 법(떠서 꿰매기) … 22
	뜨개코 기호 … 10		- 가터뜨기와 안메리야스뜨기일 때 … 22
◈ Basic Lesson	진동 둘레 줄이는 법 … 18		걸치는 실을 감싸며 배색뜨기 하는 법 … 22
	어깨 잇는 법(빼뜨기로 잇기) … 19		단춧구멍 뜨는 법(큰 단추일 때) … 23
	옆선 잇는 법(떠서 꿰매기) … 19	◈ 이 책에서 사용한 실 & 대체 가능한 추천 실 … 79	
	- 1코 고무뜨기일 때 … 19		
	- 메리야스뜨기일 때 … 20		
	- 가터뜨기일 때 … 20		
	실을 안쪽으로 걸치며 배색뜨기 하는 법 … 20		

| 일러두기 |

＊포인트 레슨에서는 알아보기 쉽도록 실의 굵기와 색 등을 바꾸어서 과정을 설명했습니다.
＊인쇄물이므로 실 색깔은 표시된 색 번호와 조금 다를 수도 있습니다.
＊국내에서 구하기 수월한 대체 가능한 실은 79P를 참조하세요. 실의 특징에 따라 결과물에 약간의 차이가 있을 수도 있습니다.

READY

본격적으로 손뜨개를 즐기기 전,
알아두면 도움이 될 손뜨개 기초에 대해 알아볼까요?

Ready

대바늘뜨기 기초

◆ **뜨개도안 보는 법** 뜨개도안은 모두 겉쪽에서 본 상태로 표시한다. 대바늘뜨기의 왕복뜨기에서는 화살표가 ← 인 단은 뜨개조직 겉감면을 보고 뜨며, 뜨개도안을 오른쪽에서 왼쪽으로 따라가며 뜬다. 화살표가 →인 단(▨부분)은 뜨개조직 안감면을 보고 뜨며, 뜨개도안의 왼쪽에서 오른쪽으로 따라가며 뜨되 반대 방법으로 뜬다(예를 들어, 뜨개도안의 겉뜨기 표시는 안뜨기로 뜨고, 안뜨기 표시는 겉뜨기로 뜨며, 돌려뜨기 표시는 돌려 안뜨기로 뜬다). 이 책에서는 기초코가 기호의 첫째 단이 된다.

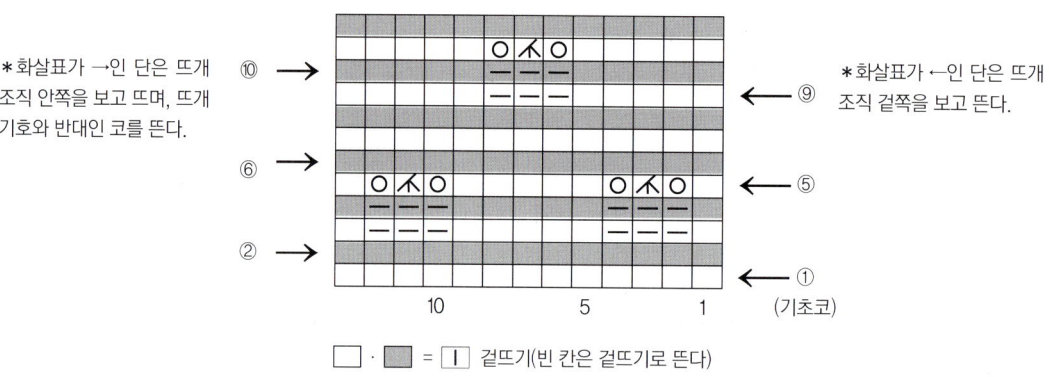

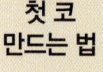
첫 코 만드는 법

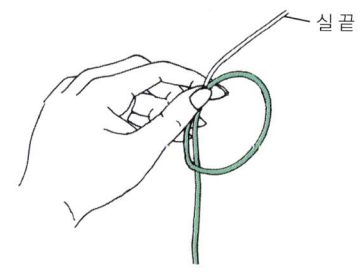

1. 실 끝에서부터 완성 너비의 약 3배 위치에 고리를 만든다.

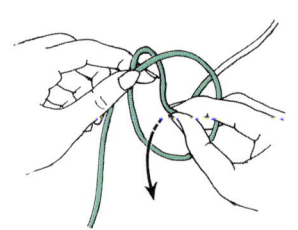

2. 오른손 엄지손가락과 집게손가락을 고리 안으로 넣어서 실을 끌어낸다.

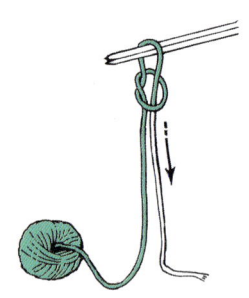

3. 끌어낸 실에 바늘 2개를 끼우고 실 끝을 당겨서 매듭을 조인다. 이것이 첫 코가 된다.

손가락에 걸어 만드는 기초코

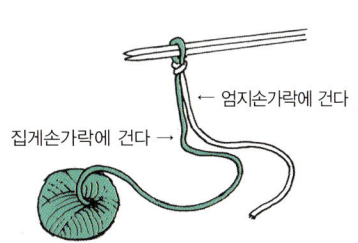
← 엄지손가락에 건다
집게손가락에 건다 →

1 첫 코가 완성되면 실타래 쪽을 왼손 집게손가락에, 실 끝 쪽을 엄지손가락에 건다.

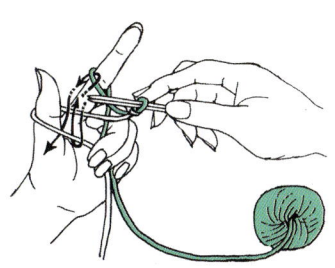

2 바늘을 화살표처럼 움직여서 바늘 끝에 실을 건다.

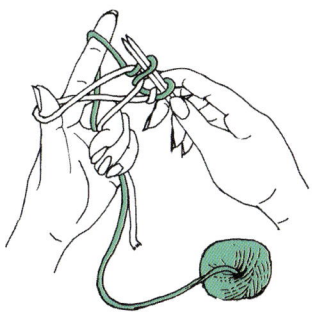

3 엄지손가락에 걸린 실을 살짝 벗긴다.

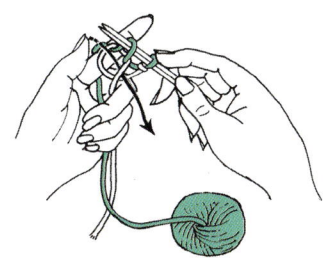

4 엄지손가락을 화살표처럼 넣어서 실을 걸고, 바깥쪽으로 당겨서 조인다.

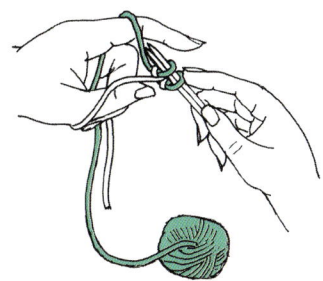

5 두 번째 코 완성. 세 번째 코부터는 2~4의 요령으로 만든다.

6 기초코(첫째 단)를 완성한 모습. 바늘 1개를 빼고, 그 바늘 1개로 뜨기 시작한다.

Ready 대바늘뜨기 기초

◆ 뜨개코 기호

| 겉뜨기

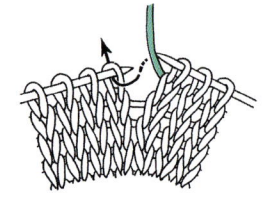 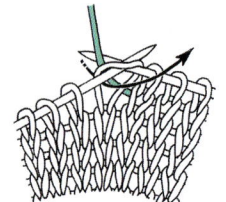 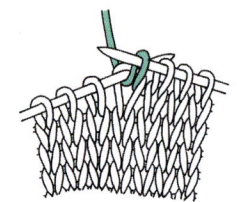 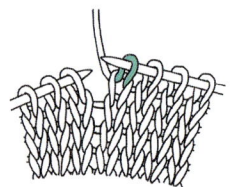

1. 실을 뒤쪽에 두고, 오른쪽 바늘을 화살표처럼 앞쪽에서 넣는다.
2. 오른쪽 바늘에 실을 걸고 화살표처럼 실을 앞으로 끌어낸다.
3. 오른쪽 바늘로 실을 끌어낸 다음 왼쪽 바늘을 뺀다.
4. 겉뜨기 완성.

— 안뜨기

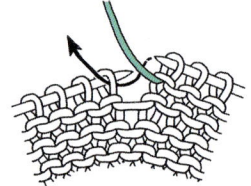 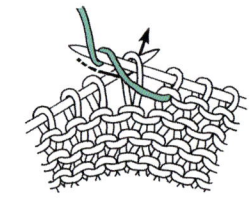 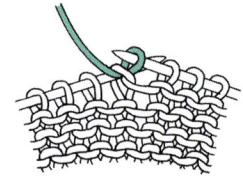 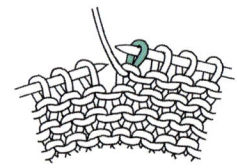

1. 실을 앞쪽에 두고, 오른쪽 바늘을 화살표처럼 뒤쪽에서 넣는다.
2. 그림과 같이 실을 걸고 화살표처럼 실을 뒤로 끌어낸다.
3. 오른쪽 바늘로 실을 끌어낸 다음 왼쪽 바늘을 뺀다.
4. 안뜨기 완성.

O 걸기코

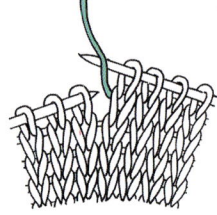 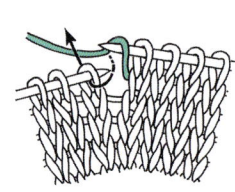 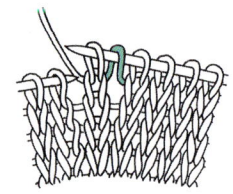 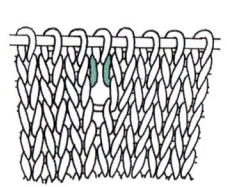

1. 실을 앞쪽에 둔다.
2. 오른쪽 바늘에 그림과 같이 앞쪽에서부터 실을 걸고, 다음 코에 화살표처럼 오른쪽 바늘을 넣어서 뜬다.
3. 걸기코 1코, 겉뜨기 1코를 뜬 모습.
4. 다음 단을 뜬 모습. 걸기코 자리에 구멍이 나고 1코 늘어난다.

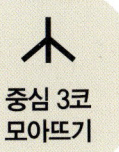

중심 3코 모아뜨기

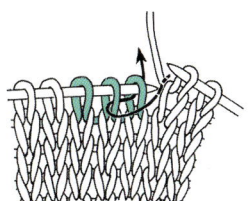 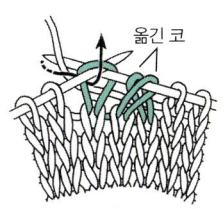 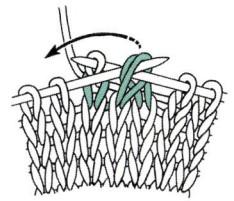 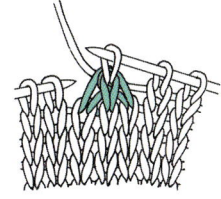

1. 왼쪽 바늘에 걸린 2코에 화살표처럼 바늘을 넣어 그대로 오른쪽 바늘로 옮긴다.
2. 세 번째 코에 바늘을 넣고 실을 걸어서 겉뜨기한다.
3. 1에서 옮긴 2코에 왼쪽 바늘을 넣고, 화살표처럼 왼쪽의 1코에 덮어씌운다.
4. 중심 3코 모아뜨기 완성.

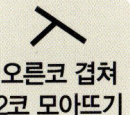

오른코 겹쳐 2코 모아뜨기

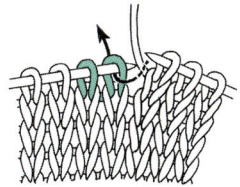 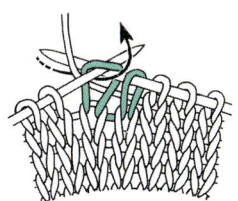 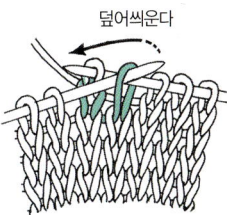 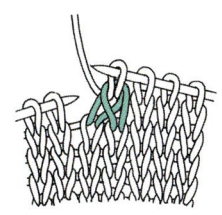

1. 화살표처럼 오른쪽 바늘을 앞쪽에서 넣고 그대로 오른쪽 바늘로 옮겨서 코 방향을 바꾼다.
2. 왼쪽 바늘의 다음 코에 오른쪽 바늘을 넣고 실을 걸어서 겉뜨기한다.
3. 1에서 오른쪽 바늘로 옮긴 코에 왼쪽 바늘을 넣고, 화살표처럼 왼쪽의 코에 덮어씌운다.
4. 오른코 겹쳐 2코 모아뜨기 완성.

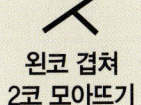

왼코 겹쳐 2코 모아뜨기

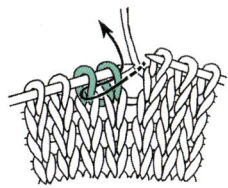 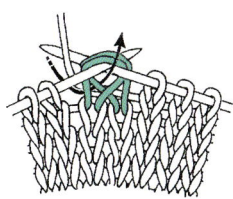 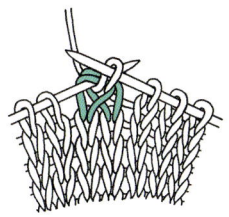 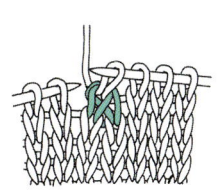

1. 화살표처럼 2코의 왼쪽에서 한 번에 바늘을 넣는다.
2. 화살표처럼 실을 걸어서 2코를 한 번에 뜬다.
3. 오른쪽 바늘로 실을 끌어낸 다음 왼쪽 바늘을 뺀다.
4. 왼코 겹쳐 2코 모아뜨기 완성.

Ready 대바늘뜨기 기초

오른코 겹쳐 2코 모아 안뜨기

1 왼쪽 바늘의 끝에 걸린 2코를 오른쪽 코가 앞으로 오도록 순서를 바꿔 바늘에 끼운다.

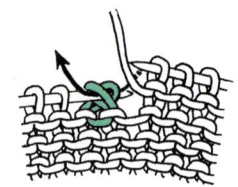
2 화살표처럼 바늘을 넣고, 실을 걸어서 2코를 한 번에 안뜨기 한다.

3 오른코 겹쳐 2코 모아 안뜨기 완성.

왼쪽 바늘에 걸린 2코에 화살표처럼 바늘을 넣고 안뜨기해도 된다.

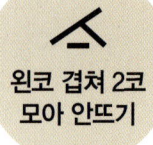
왼코 겹쳐 2코 모아 안뜨기

1 왼쪽 바늘의 2코에 화살표처럼 한 번에 오른쪽 바늘을 넣는다.

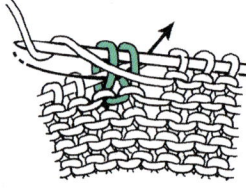
2 바늘에 실을 걸어서 화살표처럼 끌어낸다.

3 2코를 한 번에 안뜨기한 다음에 왼쪽 바늘을 뺀다.

4 왼코 겹쳐 2코 모아 안뜨기 완성.

왼코 교차뜨기

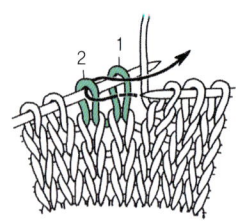
1 코1의 앞쪽에서 코2에 화살표처럼 바늘을 넣는다.

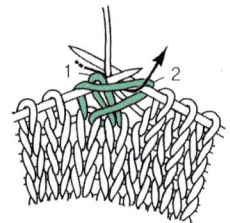
2 코2를 오른쪽으로 늘여서 실을 걸고 겉뜨기한다.

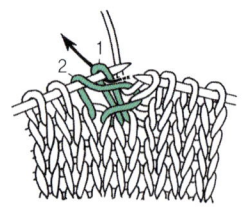
3 코2는 왼쪽 바늘에 건 채, 코1을 겉뜨기한다.

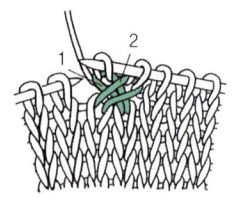
4 코2를 바늘에서 빼면 왼코 교차뜨기 완성.

 오른코 교차뜨기

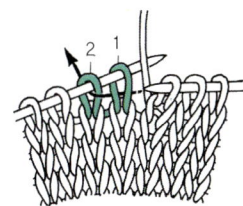
1 코1의 뒤쪽에서 코2에 화살표처럼 바늘을 넣는다.

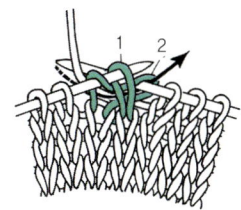
2 바늘에 실을 걸고 화살표처럼 끌어내어 겉뜨기한다.

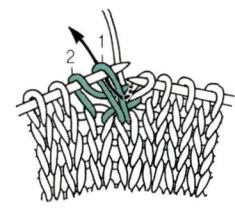
3 코2는 왼쪽 바늘에 건 채, 코1에도 화살표처럼 바늘을 넣어서 겉뜨기한다.

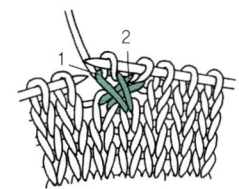
4 코2를 바늘에서 빼면 오른코 교차뜨기 완성.

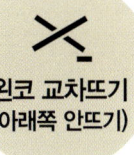 왼코 교차뜨기 (아래쪽 안뜨기)

*콧수가 달라져도 교차 방법은 같음

1 실을 뒤쪽에 두고, 코2에 오른쪽 바늘을 앞쪽에서 넣는다.

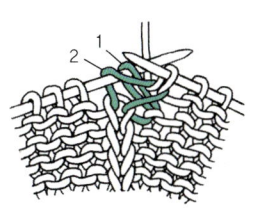
2 코2를 오른쪽으로 늘여서 실을 걸고 겉뜨기한다.

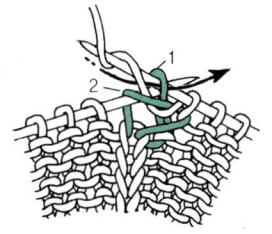
3 코2는 왼쪽 바늘에 건 채, 코1에 화살표처럼 바늘을 넣어서 안뜨기한다.

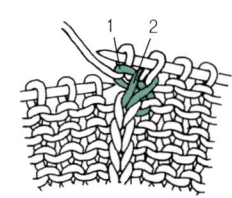
4 왼쪽 바늘을 빼면 왼코 교차뜨기(아래쪽 안뜨기) 완성.

 오른코 교차뜨기 (아래쪽 안뜨기)

*콧수가 달라져도 교차 방법은 같음

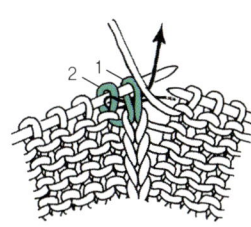
1 코1의 뒤쪽에서 코2에 바늘을 넣고 실을 건다.

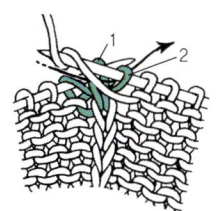
2 코2를 오른쪽으로 늘여서 안뜨기한다.

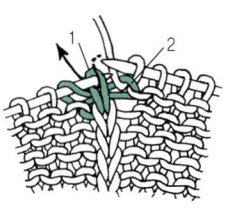
3 코2를 왼쪽 바늘에 건 채 코1을 겉뜨기한다.

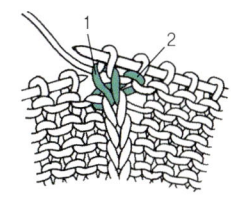
4 왼쪽 바늘의 코2를 빼면 오른코 교차뜨기(아래쪽 안뜨기) 완성.

Ready 대바늘뜨기 기초

돌려뜨기로 코 늘리기

*코를 늘리지 않는 돌려뜨기는 걸치는 실이 아니라 앞단의 코를 돌려서 뜬다

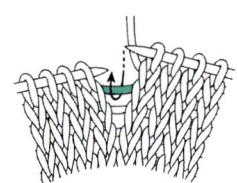

1 오른쪽 바늘로 현재 코와 다음 코 사이의 걸치는 실을 화살표처럼 끌어올린다.

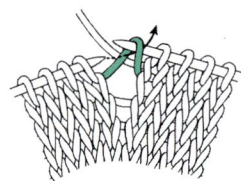

2 끌어올린 다음, 그 실을 왼쪽 바늘에 건다.

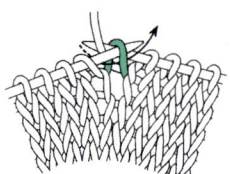

3 왼쪽 바늘에 걸고 나서 화살표처럼 겉뜨기한다.

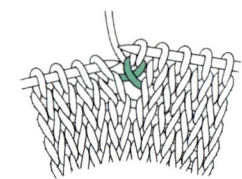

4 돌려뜨기 완성. 끌어올린 코가 돌려지고 1코 늘어난 상태.

돌려 안뜨기로 코 늘리기

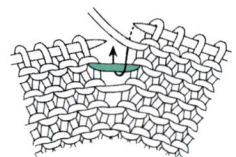

1 오른쪽 바늘로 현재 코와 다음 코 사이의 걸치는 실을 화살표처럼 끌어올린다.

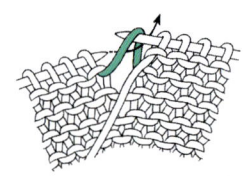

2 끌어올린 다음, 그 실을 왼쪽 바늘에 건다.

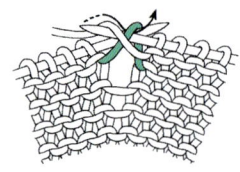

3 왼쪽 바늘에 걸고 나서 화살표처럼 안뜨기한다.

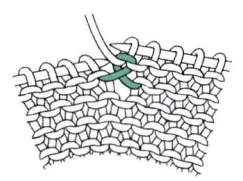

4 돌려 안뜨기 완성. 끌어올린 코가 돌려지고 1코 늘어난 상태.

덮어씌우기

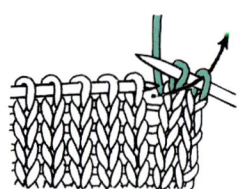

1 끝의 2코를 겉뜨기하고, 오른쪽 끝에 있는 코에 왼쪽 바늘을 화살표처럼 넣는다.

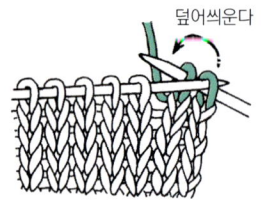

2 오른쪽 끝코를 옆의 코에 그림처럼 덮어씌운다.

3 왼쪽 바늘의 코를 겉뜨기로 1코 뜨고, 오른쪽 바늘의 코를 덮어씌운다. 이 과정을 되풀이한다.

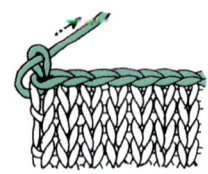

4 다 뜨고 마지막 코는 그림처럼 실 끝을 코에 통과시켜서 조인다.

긴뜨기 3코 구슬뜨기

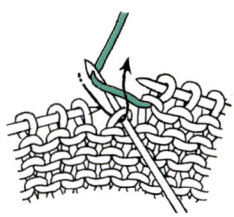   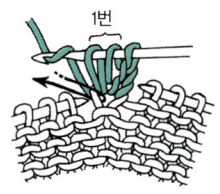

1 코바늘을 사용한다. 앞쪽에서 바늘을 넣고 실을 걸어서 끌어낸다.

2 실을 걸고 사슬 2코를 뜬다.

3 기둥코 2코 완성. 실을 걸고 화살표처럼 바늘을 넣은 다음에 실을 걸어서 끌어낸다.

4 미완성 긴뜨기 1코를 뜬다.

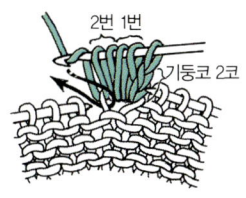 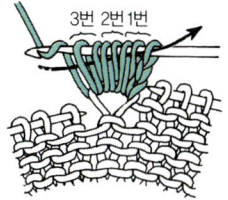 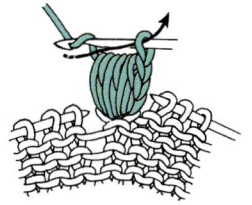 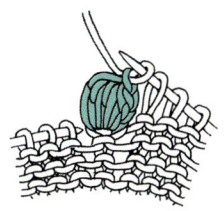

5 3과 마찬가지로 실을 걸어서 끌어내는 과정을 2번 더 되풀이하여 총 3번 되풀이한다.

6 실을 걸어서 모든 코 안으로 한 번에 빼낸다.

7 한 번 더 실을 걸어서 빼내어 조인다.

8 7에서 생긴 코를 오른쪽 대바늘로 옮기면 긴뜨기 3코 구슬뜨기 완성.

한길긴뜨기 2코 구슬뜨기

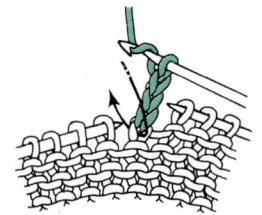 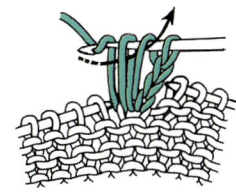 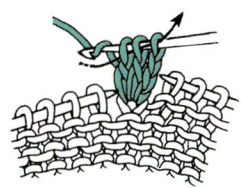 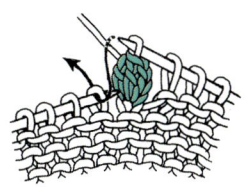

1 코바늘로 사슬 3코를 뜬 다음, 실을 걸고 화살표처럼 바늘을 넣은 뒤에 실을 걸어서 끌어낸다.

2 한 번 더 실을 걸고, 화살표처럼 고리 2개 안으로 빼낸다. 미완성 한길긴뜨기 1코 완성.

3 한 번 더 되풀이하여 미완성 한길긴뜨기가 2코가 된 뒤에 실을 걸어서 모든 코 안으로 빼낸다.

4 3에서 생긴 코를 오른쪽 대바늘로 옮기면 한길긴뜨기 2코 구슬뜨기 완성. 그 다음부터는 원래대로 뜬다.

Ready　대바늘뜨기 기초

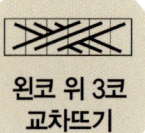

왼코 위 3코 교차뜨기

*콧수가 달라져도 교차 방법은 같음

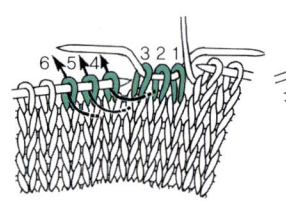 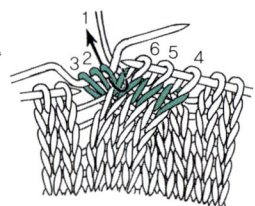 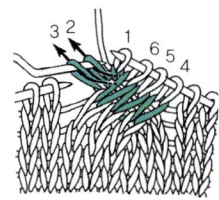 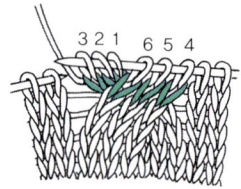

1　왼쪽 바늘의 3코를 다른 바늘로 옮겨서 뒤쪽에 쉬게 둔다. 네 번째 코에 오른쪽 바늘을 넣어서 겉뜨기 한다.

2　다섯 번째와 여섯 번째 코도 마찬가지로 겉뜨기한다.

3　다른 바늘에 옮겨서 쉬게 둔 코1~3을 겉뜨기한다.

4　왼코 위 3코 교차뜨기 완성.

오른코 위 3코 교차뜨기

*콧수가 달라져도 교차 방법은 같음

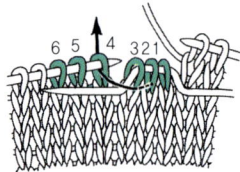 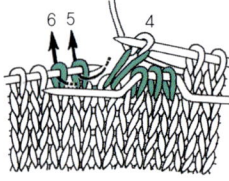 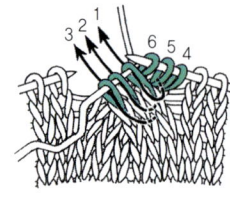 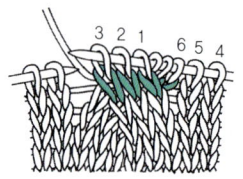

1　왼쪽 바늘의 3코를 다른 바늘로 옮겨서 앞쪽에 쉬게 둔다. 네 번째 코를 겉뜨기한다.

2　다섯 번째와 여섯 번째 코도 마찬가지로 겉뜨기한다.

3　다른 바늘에 옮겨서 쉬게 둔 코1~3에 화살표처럼 바늘을 넣고 겉뜨기한다.

4　오른코 위 3코 교차뜨기 완성.

변형 오른코 위 2코 교차뜨기

*가운데 안뜨기 1코

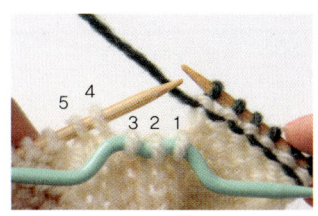

1 코1~3을 꽈배기바늘로 옮겨서 앞쪽에 둔다.

2 코4와 코5를 각각 겉뜨기한다.

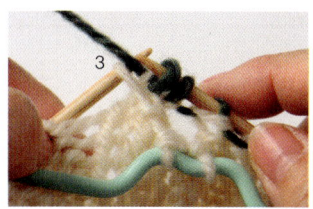

3 코3을 왼쪽 바늘로 다시 옮기고 안뜨기한다.

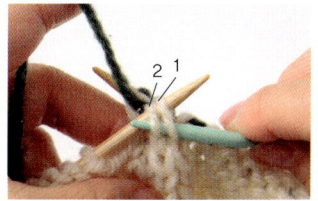

4 코1과 코2를 왼쪽 바늘로 다시 옮기고 각각 겉뜨기한다.

5 변형 오른코 위 2코 교차뜨기 (가운데 안뜨기 1코) 완성.

Basic Lesson

◆ 진동 둘레 줄이는 법 *여기에서는 작품 G(p.46 참조)로 설명했습니다

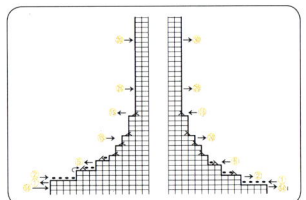

1 겉뜨기를 2코 한다.

2 첫째 코에 왼쪽 바늘을 넣고 화살표처럼 둘째 코에 덮어씌워서 코를 줄인다. (위쪽 사진)1코 줄인 모습.

3 셋째 코를 겉뜨기하고 화살표처럼 코2를 덮어씌운다.

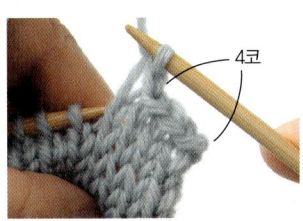

4 3을 두 번 더 되풀이하여 총 4코를 줄인다. 뜨개도안을 참조하여 왼쪽 끝까지 증감 없이 뜬다.

5 4의 뜨개조직을 안감면이 보이도록 뒤집고 안뜨기를 2코 한다. 왼쪽 바늘을 코1에 넣고 화살표처럼 코2에 덮어씌운다.

6 셋째 코를 안뜨기하고 화살표처럼 코2를 덮어씌운다. 이 과정을 두 번 더 되풀이하여 총 4코를 줄인다.

7 4코 줄인 모습. 뜨개도안을 참조하여 왼쪽 끝까지 증감 없이 뜬다.

8 7의 뜨개조직을 겉감면이 보이도록 뒤집고 끝의 1코를 뜨지 않고 오른쪽 바늘에 옮긴 후 다음 1코를 겉뜨기한다.

9 오른쪽 바늘로 옮긴 끝코를 화살표처럼 덮어씌워서 1코 줄인다.

10 다음 코를 화살표처럼 겉뜨기하고, 9와 마찬가지로 오른쪽 바늘에 걸린 코를 덮어씌운다. 이 과정을 되풀이하여 총 3코 줄이고, 계속하여 왼쪽 끝까지 뜬다.

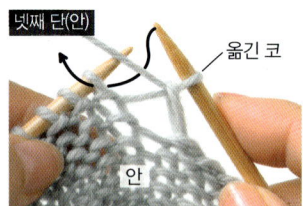

11 10의 뜨개조직을 안감면이 보이도록 뒤집고 끝의 1코를 뜨지 않고 오른쪽 바늘에 옮긴 후 다음 1코를 안뜨기한다.

12 오른쪽 바늘로 옮긴 끝코를 화살표처럼 덮어씌워서 1코 줄인다.

13 다음 코를 화살표처럼 안 뜨기하고, 12와 마찬가지로 오른쪽 바늘에 걸린 코를 덮어씌운다. 이 과정을 되풀이하여 총 3코 줄이고, 계속하여 왼쪽 끝까지 뜬다.

오른쪽은 8~10의 요령으로, 왼쪽은 11~13의 요령으로 각각 지정된 콧수만큼 줄인다. 뜨개조직이 울지 않도록 힘을 잘 조절하며 실을 당긴다.

◆ 어깨 잇는 법(빼뜨기로 잇기)

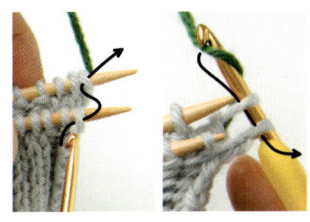

1 뜨개조직을 겉끼리 맞대고, 코바늘을 화살표처럼 2코에 넣어서(왼쪽 사진) 코를 옮기고(오른쪽 사진), 바늘에 실을 걸어서 한 번에 빼낸다.

2 같은 요령으로, 다음 2코에 화살표처럼 코바늘을 넣어서 코를 옮기고, 코바늘에 걸린 3코(1에서 코바늘에 남은 1코와 옮긴 2코)를 한 번에 빼낸다. (위쪽 사진) 빼낸 모습.

3 2를 되풀이하여 모든 코를 끝까지 빼뜨기한다. 실 끝을 10㎝쯤 남기고 자른 뒤, 마지막 코에서 끌어낸다.

4 (위) 빼뜨기로 이은 모습
(아래) 빼뜨기로 이은 코를 겉쪽에서 본 모습

◆ 옆선 잇는 법(떠서 꿰매기)

1코 고무뜨기일 때

1 돗바늘을 사용한다. 뜨기 시작한 자리에 남은 실을 바늘에 꿴다. 뜨개조직을 둘 다 겉감면이 보이도록 놓고 나란히 맞붙여서, 첫째 단 끝에서 1코 안쪽의 가로실을 왕복하며 2번씩 줍는다.

2 둘째 단 이후는 각각 단 끝의 1코 안쪽 가로실을 1단씩 꼼꼼하게 줍는다.

3 몇 단 주운 모습(사진에서는 알아보기 쉽도록 느슨하게 왕복한 상태를 보여 주지만, 실제로는 울지 않을 정도로 실을 당기면서 뜨개조직과 뜨개조직을 맞붙여 간다).

4 1코 고무뜨기가 깔끔하게 이어진 모습.

메리야스뜨기일 때

1 돗바늘을 사용한다. 뜨개조직을 둘 다 겉감면이 보이도록 놓고 나란히 맞붙여서, 단 끝에서 1코 안쪽의 가로실을 줍는다.

2 교대로 1단씩 꼼꼼하게 줍는다.

3 몇 단 주울 때마다 실을 당기면 마무리하기 쉽다.

4 실을 당길 때는 뜨개조직이 울지 않도록 힘을 잘 조절한다.

가터뜨기일 때

1 돗바늘을 사용한다. 뜨개조직을 둘 다 겉쪽이 보이도록 놓고 나란히 맞붙여서, 교대로 1단씩 꿰맨다.

2 사진에서 위쪽 뜨개조직은 단 끝의 반코 안쪽(위로 향한 가로실)을 주워서 꿰맨다.

3 사진에서 아래쪽 뜨개조직은 단 끝의 1코 안쪽(아래로 향한 가로실)을 주워서 꿰맨다.

4 2, 3을 되풀이하고, 실이 당겨지는 상태를 잘 살피면서 꿰맨다.

◈ 실을 안쪽으로 걸치며 배색뜨기 하는 법

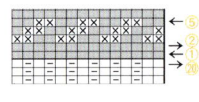

*여기에서는 작품 M(p.68 참조)으로 설명했습니다

1 배색실을 잇고, 겉뜨기를 2코 한다.

2 바탕실은 배색실 아래로 가도록 걸치고 겉뜨기를 2코 한다.

3 2코 뜬 모습. 다음은 배색실을 화살표처럼 바탕실 위로 가도록 걸치고 겉뜨기를 2코 한다.

4 배색실은 바탕실 위로, 바탕실은 배색실 아래로 교차하듯이 실을 걸치면서 뜬다. (아래쪽 사진) 안쪽은 이런 상태로 실이 걸쳐진다.

5 단 끝은 배색실을 위, 바탕실을 아래로 가도록 교차시키고 바탕실로 안뜨기를 2코 한다.

6 바탕실을 배색실 아래에 쉬게 두고 배색실로 안뜨기를 2코 한다.

7 2코 뜬 모습. 다음은 배색실을 바탕실 위에 교차하듯 쉬게 두고, 바탕실을 아래쪽으로 걸쳐서 안뜨기한다.

8 배색실은 바탕실 위로, 바탕실은 배색실 위로 교차하듯이 실을 걸치면서 뜬다.

Point Lesson

◆ 어깨 마무리하기

photo … p.74, 75
how to knit … p.76

1 왼쪽 앞 몸판과 뒤 몸판의 맞춤점을 확인한다.

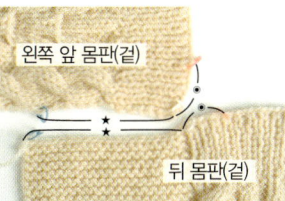
2 맞춤점끼리 맞추며 겉끼리 맞대고 시침핀으로 고정한다.

3 코바늘로 단 끝의 1코 안쪽 자리에 빼뜨기하여 잇는다. 너무 세게 당기지 않도록 조심한다.

4 겉에서 본 모습. 반대편도 같은 방법으로 잇는다.

◆ **옆선 잇는 법(떠서 꿰매기)**

가터뜨기와 안메리야스뜨기일 때

1 돗바늘을 사용한다. 뜨개조직을 둘 다 겉감면이 보이도록 놓고 나란히 맞붙인다. 첫째 단은 끝에서 1코 안쪽의 가로실을 왕복하며 2번씩 줍는다.

2 둘째 단 이후는 각각 단 끝의 1코 안쪽의 가로실을 1단씩 꼼꼼하게 줍는다. 가터뜨기는 단 끝의 첫째 코와 둘째 코 사이의 가로실을 1단씩 줍는다.

3 안메리야스도 마찬가지로, 단 끝의 첫째 코와 둘째 코 사이의 가로실을 1단씩 줍는다.

4 사진에서는 꿰매는 실이 어떻게 지나가는지 알아보기 쉽도록 느슨하게 꿰맸지만, 실제로는 고르게 실을 당기며 마무리한다.

◆ **걸치는 실을 감싸며 배색뜨기 하는 법**

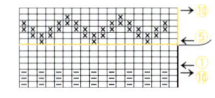

*여기에서는 작품 F(p.41 참조)로 설명했습니다

photo ⋯ p.40, 41
how to knit ⋯ p.42

1 배색실을 바탕실 위에 놓고, 배색실을 감싸듯이 바탕실을 걸어서 겉뜨기한다. (위쪽 사진) 첫째 코를 뜬 모습.

2 둘째 코는 바탕실로 뜨는데, 배색실에 바늘을 걸고 화살표처럼 바탕실로 겉뜨기한다. (위쪽 사진) 둘째 코를 뜬 모습.

3 셋째 코는 1과 같은 요령으로 배색실을 감싸듯이 바탕실로 겉뜨기한다.

4 바탕실을 뒤쪽에 쉬게 두고 배색실로 1코 뜬다.

5 1~4의 요령으로 1코마다 배색실을 감싸면서, 뜨개도안의 배색대로 왼쪽 끝까지 뜬다.

6 배색실을 위, 바탕실을 아래로 가도록 교차시키고 바탕실로 안뜨기를 2코 한다.

7 바탕실을 아래쪽에 쉬게 두고 배색실로 안뜨기한다.

8 다음 코는 바탕실 아래에서 바늘을 넣고 배색실로 뜬다.

9 1코마다 배색실이 감싸진 상태.

◆ 단춧구멍 뜨는 법(큰 단추일 때)

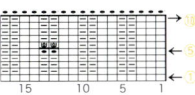

photo … p.54, 55
how to knit … p.56

1 지정된 자리까지 2코 고무뜨기를 하고 나서 코1과 코2를 안뜨기한다.

2 코1을 코2에 덮어씌운다. (위쪽 사진) 첫째 코를 덮어씌운 모습.

3 다음 코를 겉뜨기하고 코2를 덮어씌운다. (위쪽 사진) 둘째 코를 덮어씌운 모습.

4 앞단에서 덮어씌우기를 한 2코 부분은 감아코 만들기를 한다. 사진의 코1처럼 손가락으로 고리를 만들어 바늘에 걸어서 2코를 만든다.

5 감아코 만들기를 2코 한 모습.

6 2코 고무뜨기를 하고, 감아코 만들기 부분도 마찬가지로 계속해서 뜬다.

7 단춧구멍이 생긴 모습(일곱째 단까지 뜬 모습).

START

세련된 북유럽 스타일의 16가지 손뜨개 조끼를 소개합니다.
각각의 조끼에 짝꿍 조끼가 있어
하나를 뜨면 다른 하나는 어렵지 않게 뜰 수 있답니다.

A / B

꽈배기와 다이아몬드 무늬 조끼 브이넥
꽈배기와 다이아몬드 무늬 조끼 후드

A

how to knit ··· p.30
design & knitting ··· 엔도 히로미

B

다양한 교차무늬를 조합하여 아름다운 아란 무늬를 그려낸 조끼예요.
A는 셔츠 등의 옷과 맞춰 입기 좋은 브이넥이고,
B는 A의 길이를 짧게 하고 후드를 달아준 캐주얼 타입으로 만들었답니다.
둘 다 굵은 실로 듬성듬성 떠서 가볍고 폭신하게 마무리했어요.

얕게 판 브이넥은 셔츠나 터틀넥, 둥근 칼라 티셔츠 등
옷을 가리지 않고 받쳐 입을 수 있어서 편하답니다.
레이스 블라우스나 중절모 등 세련된 아이템을 더해서
너무 캐주얼하지 않게 스타일링해보세요.

A

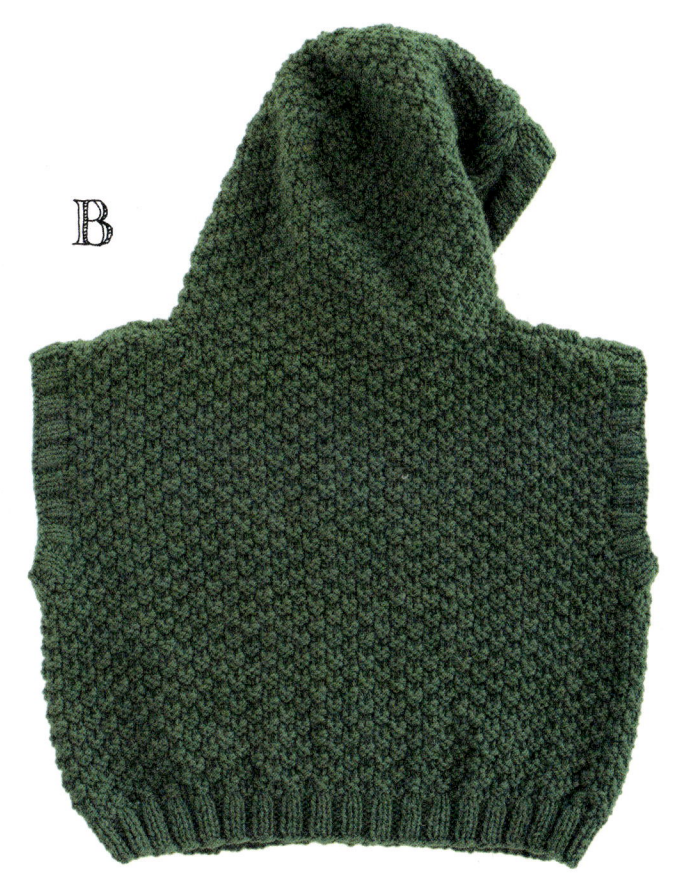

뒤 몸판은 2코×2단 멍석뜨기예요. 앞 몸판의 무늬뜨기가 어려우니
뒤 몸판은 조금 편하게 뜰 수 있는 디자인으로 했어요.
멍석뜨기는 일정한 리듬으로 뜰 수 있는데다 적당한 두께가 나오고
후드 부분도 지나치게 무거워지지 않아서 좋답니다.

A 꽈배기와 다이아몬드 무늬 조끼 브이넥
B 꽈배기와 다이아몬드 무늬 조끼 후드

Photo p.26-29

재료
A 하마나카 멘즈 클럽 마스터 56(회색) 360g
B 하마나카 멘즈 클럽 마스터 65(진한 초록) 400g

바늘
A·B(공통) 대바늘 5mm · 5.5mm, 장갑바늘 5mm, 코바늘 7/0호

게이지
A·B(공통) 가로 세로 각 10cm에 무늬뜨기A 16코 22단, 무늬뜨기B 20.5코 22단, 무늬뜨기C 22코 22단

완성 치수
A 가슴둘레 92cm, 기장 56.5cm, 어깨너비 42cm
B 가슴둘레 102cm, 기장 43.5cm, 어깨너비 46cm

뜨는 법(A·B 공통)
1 **뒤 몸판 뜨기** 손가락에 걸어 만드는 기초코로 코를 잡아서 2코 고무뜨기를 한다. 이어서 무늬뜨기A에서 진동둘레, 목둘레를 줄이며 뜬다.
2 **앞 몸판 뜨기** 뒤 몸판과 같은 방법으로 기초코를 잡아서, 그림처럼 코를 늘리며 무늬뜨기A, B로 뜬다.
3 **어깨 잇기, 옆선 잇기** 어깨는 빼뜨기로 잇고, 옆선은 돗바늘로 떠서 꿰맨다.
4 **B의 후드 뜨기** 목둘레에서 코를 주워서 무늬뜨기A와 C로 왕복뜨기를 한다. 후드 꼭대기는 겉끼리 맞대고 빼뜨기로 잇는다. 가장자리에 2코 고무뜨기를 한 뒤, 목둘레와 맞춤점을 맞춰서 감춰 준다.
5 **목둘레(A), 진동둘레(A·B) 뜨기** A는 목둘레, 진동둘레에서 각각 코를 주워서 2코 고무뜨기로 원통뜨기를 하고 덮어씌우기로 코막음한다. B는 진동둘레에서 코를 주워서 2코 고무뜨기로 원통뜨기를 하고 덮어씌우기로 코막음한다.

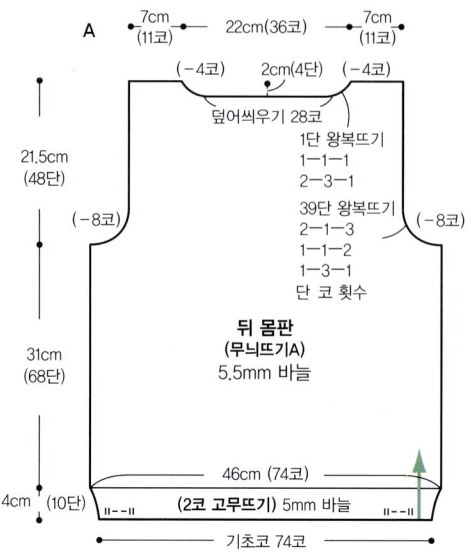

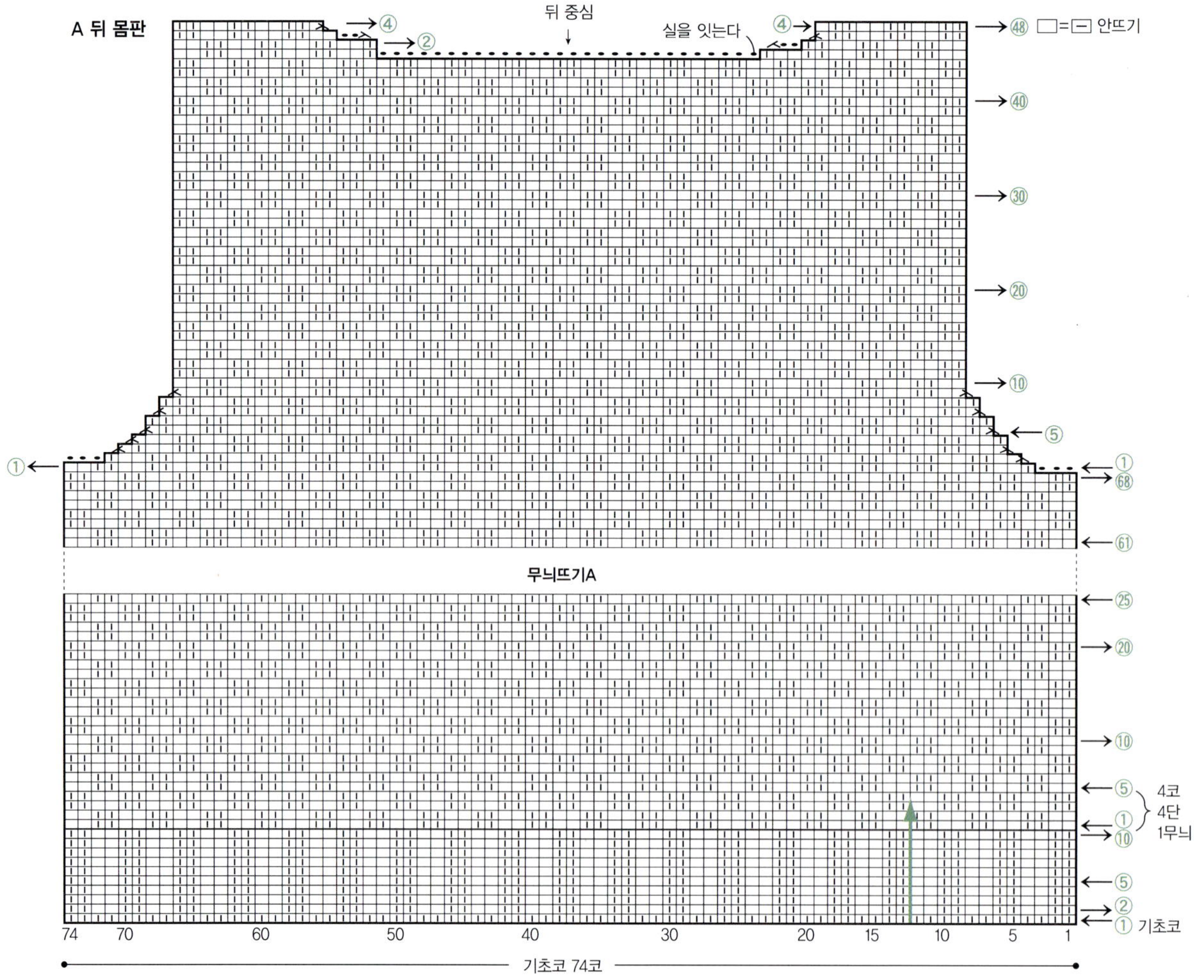

*B는 기초코를 82코 잡고 A와 같은 방법으로 38단까지 뜬다. 진동둘레, 목둘레도 A와 같은 방법으로 코를 줄인다

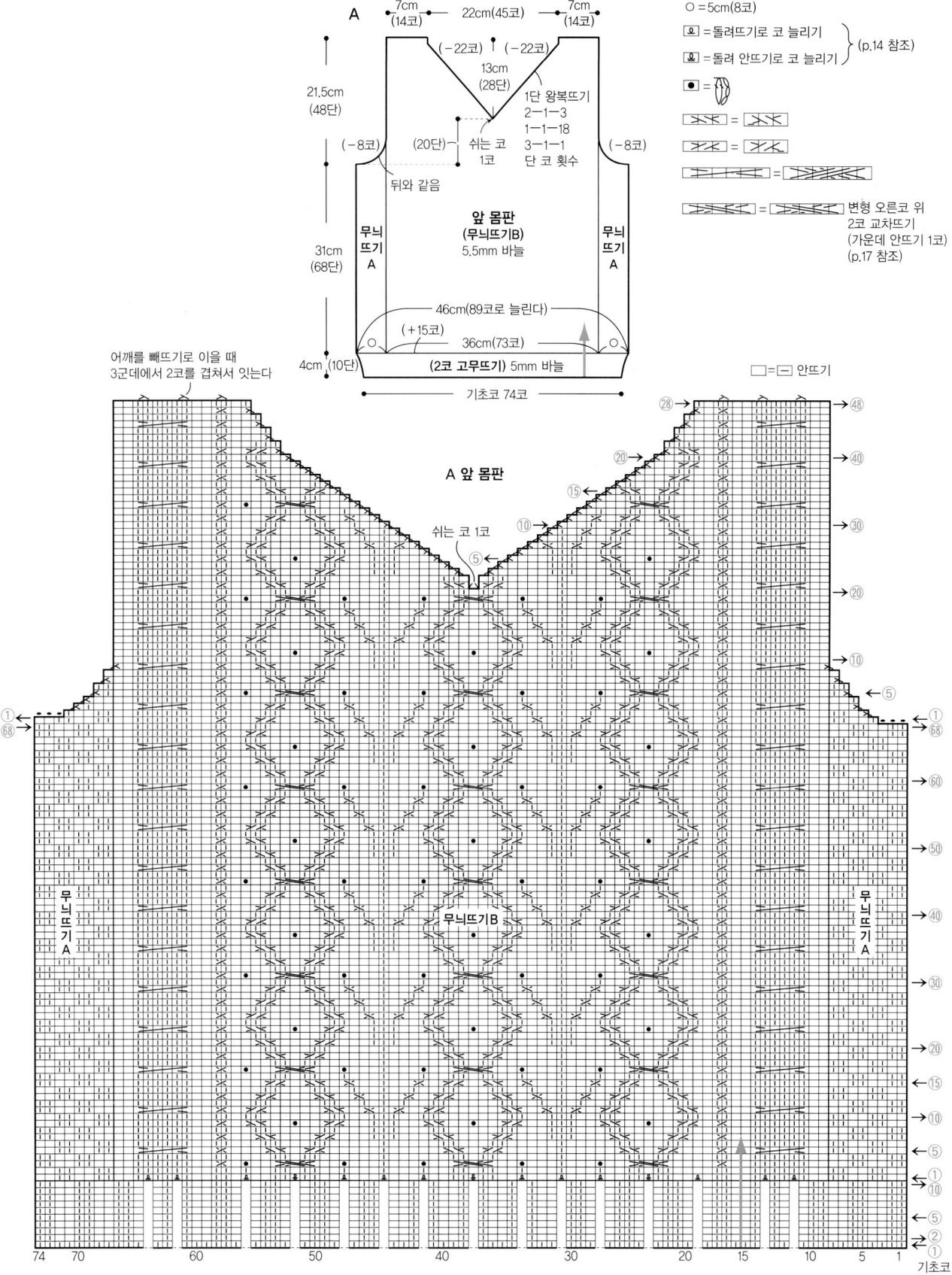

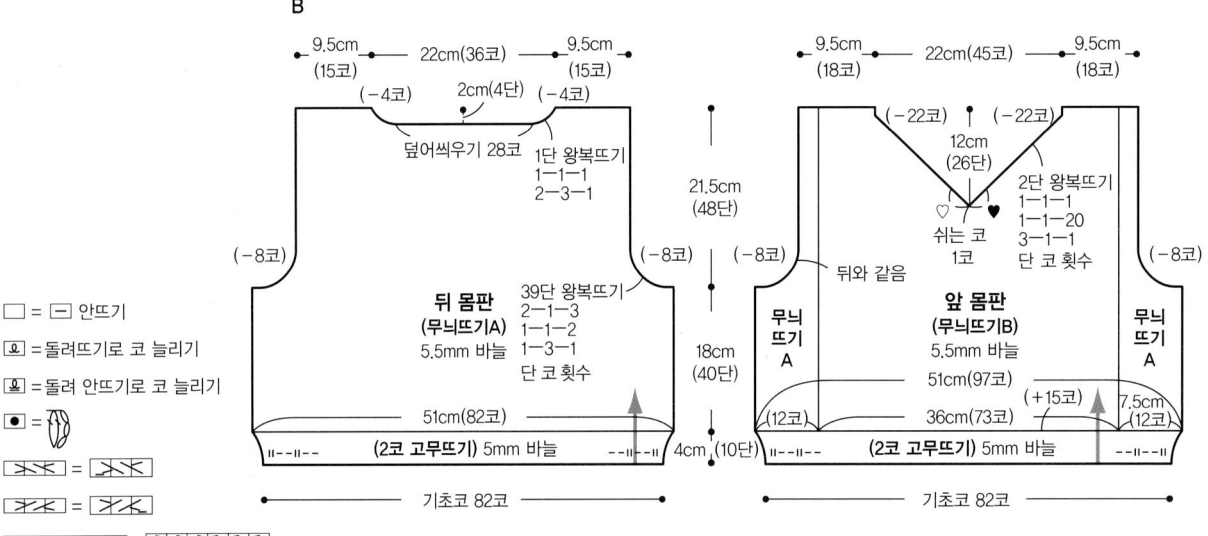

B

빼뜨기로 잇기
중심
(2코)
(-12코)
(-12코)
(29코)
(29코)
11cm
(24단)
1단 왕복뜨기
2-1-11
1-1-1
단 코 횟수
(2코)
2코 고무뜨기
54코 줍는다
5mm 바늘
무늬뜨기 C
후드
(무늬뜨기A)
5.5mm 바늘
31cm
(68단)
49cm(84코)
중심
2.5cm
(6단)
왼쪽 앞 목둘레에서 23코 줍는다
뒤 목둘레에서 38코 줍는다
오른쪽 앞 목둘레에서 23코 줍는다
앞뒤 목둘레에서 84코 줍는다
● = 5cm(11코)

B

진동둘레
(2코 고무뜨기)
5mm 바늘
빼뜨기로 잇기
안을 보며
코바늘로 빼뜨기하여
덮어씌운다
2.5cm
(6단)
앞뒤에서
80코 줍는다
3단분
*앞 목둘레의 후드
♡, ♥를 각각 감쳐서 잇는다
떠서 꿰매기

□ = ⊟ 안뜨기

후드

*◎와 ◎를 빼뜨기로 잇는다
중심
◎
◎
무늬뜨기C
무늬뜨기A
무늬뜨기C
68
60
50
40
30
20
10
5
1
84
80
70
60
50
40
30
20
15
10
5
1
코줍기

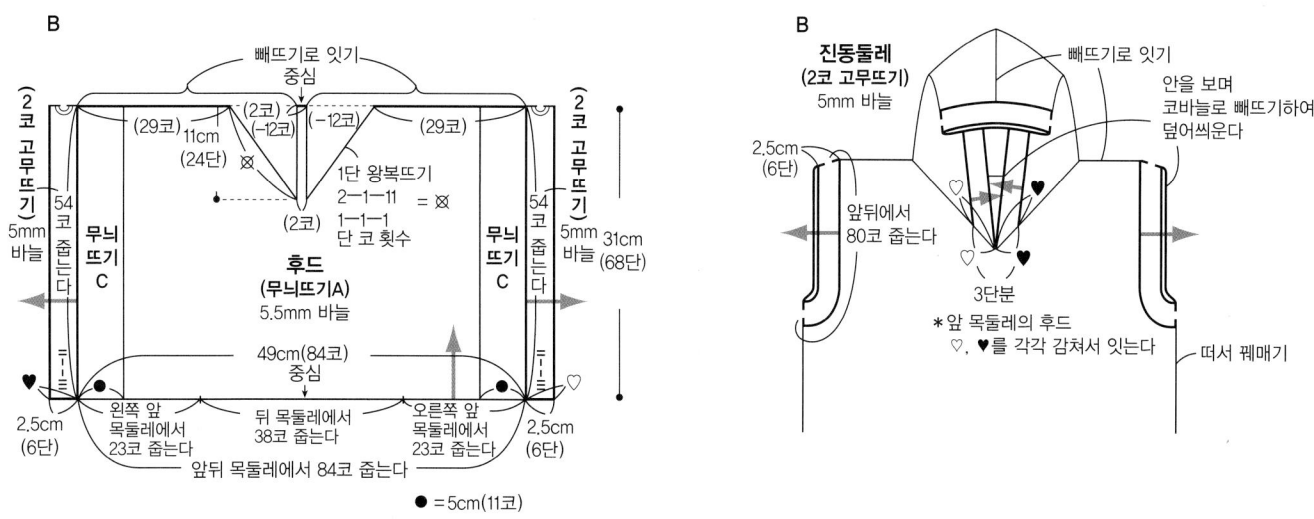

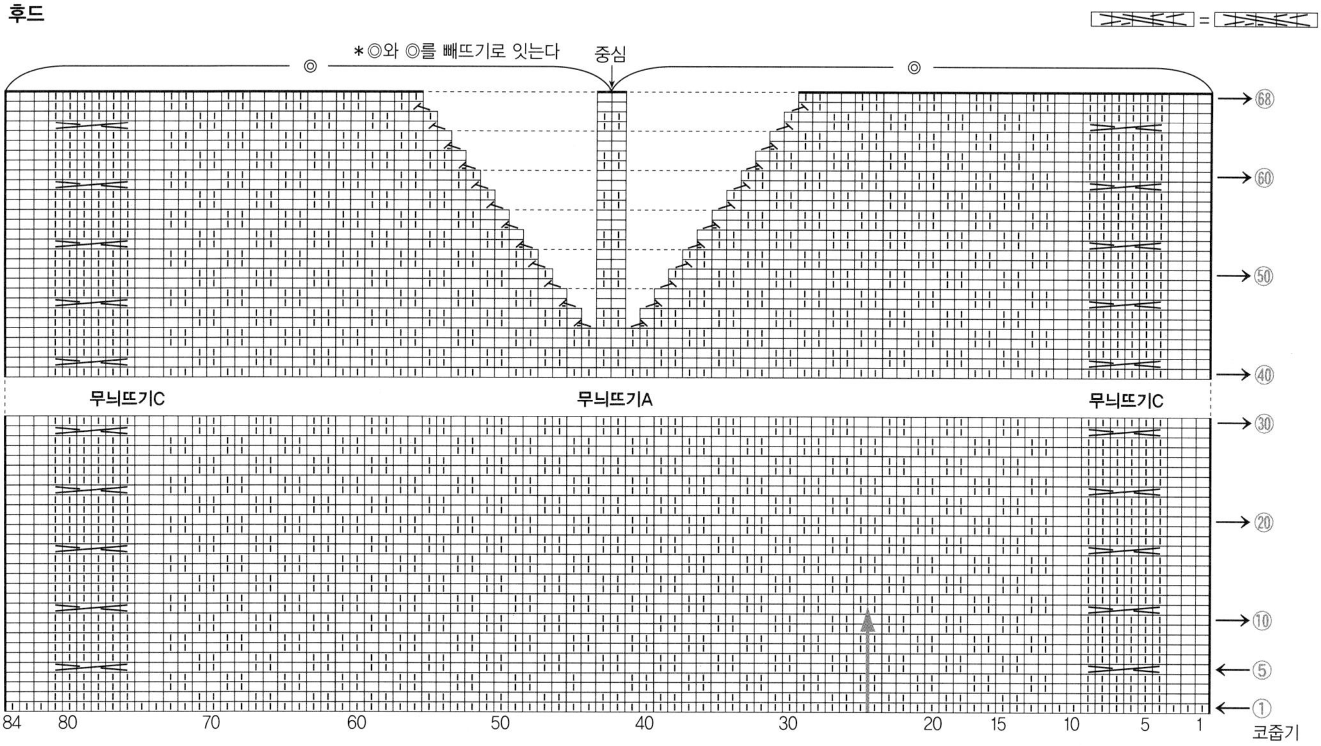

C/D

헨리넥 조끼 **줄무늬**
헨리넥 조끼 **트위드**

C

how to knit … p.36
design & knitting … 가마타 에미코 / 아리가 데이코

목둘레에 가위집을 넣은 듯한 모양의 헨리넥 조끼예요.
C와 D는 단추와 끈 장식으로 디자인에 차이를 두었어요.
단순한 꽈배기 무늬 조끼인 만큼, 가는 줄무늬를 넣거나
트위드 실을 사용하여 뜨개조직에 조금씩 변화를 주면 한층 멋지답니다.

D

C 헨리넥 조끼 줄무늬
D 헨리넥 조끼 트위드

재료
C 올림푸스 에버 1(아이보리) 245g, 8(남색) 45g, 단추(지름 1.8cm) 1개
D 올림푸스 에버 트위드 60(회색) 300g

바늘
C · D(공통) 대바늘 4mm · 4.5mm, 코바늘 6/0호

게이지
C · D(공통) 가로 세로 각 10cm에 메리야스뜨기 18.5코 26단, 무늬뜨기 27코 26단

완성 치수
C · D(공통) 가슴둘레 92cm, 기장 54cm, 어깨너비 34cm

뜨는 법(C · D 공통) * C는 줄무늬, D는 한 색으로 뜬다

1 **뒤 몸판 뜨기** 손가락에 걸어 만드는 기초코로 코를 잡아서 2코 고무뜨기로 12단 뜬다. 4코 늘리고 메리야스뜨기와 무늬뜨기로 그림처럼 뜬다.

2 **앞 몸판 뜨기** 뒤 몸판과 같은 방법으로 그림처럼 뜨고, 앞 여밈단 자리부터는 좌우를 따로 뜬다.

3 **어깨 잇기, 옆선 잇기** 어깨는 빼뜨기로 잇고, 옆선은 돗바늘로 떠서 꿰맨다.

4 **칼라 뜨기** 칼라는 앞 여밈단과 목둘레에서 코를 주워서 가터뜨기로 뜨고, 덮어씌우기로 코막음한다.

5 **마무리하기** C는 단춧고리를 떠주고, 왼쪽 앞 여밈단에 단추를 단다. D는 좌우 앞 여밈단에 끈을 떠준다.

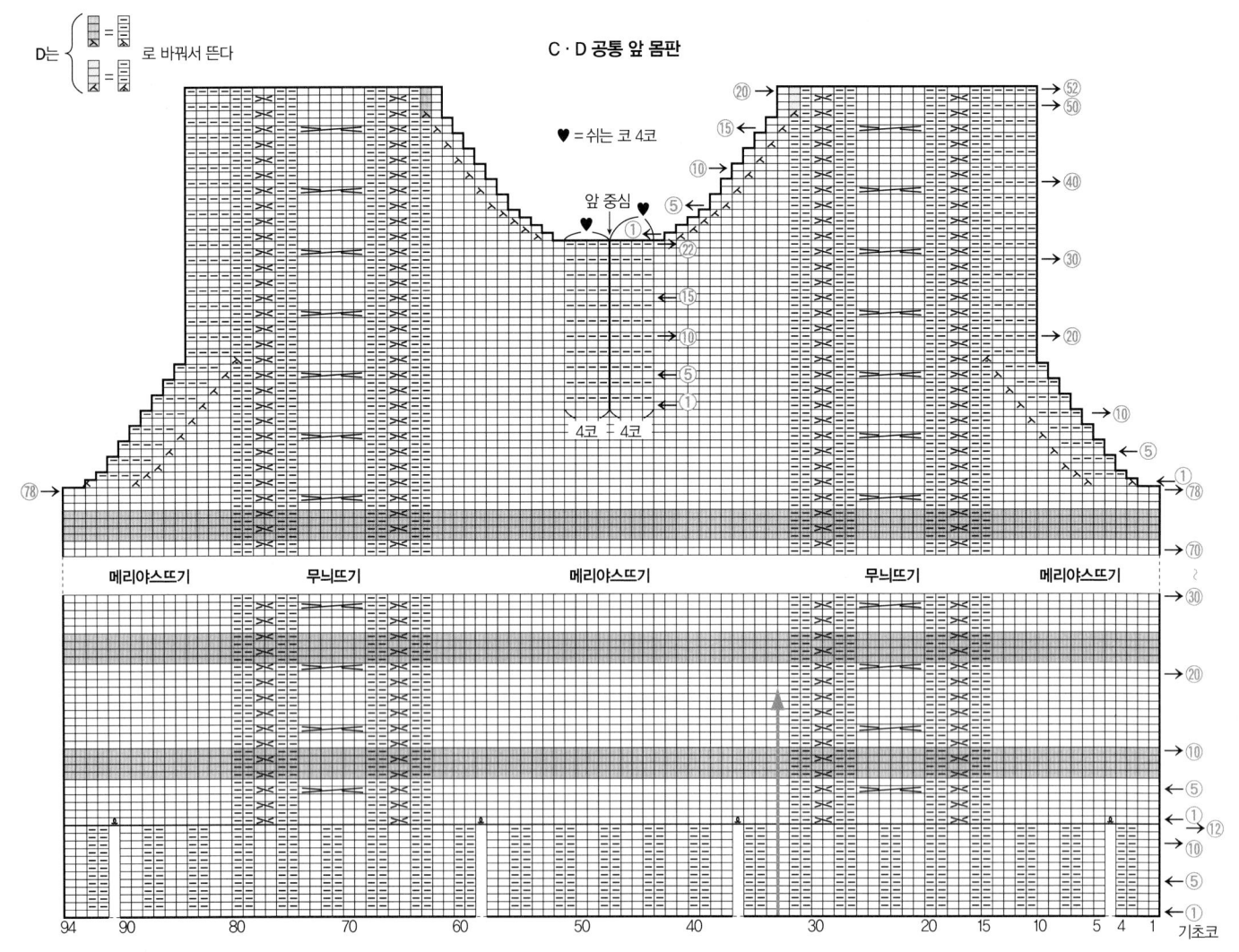

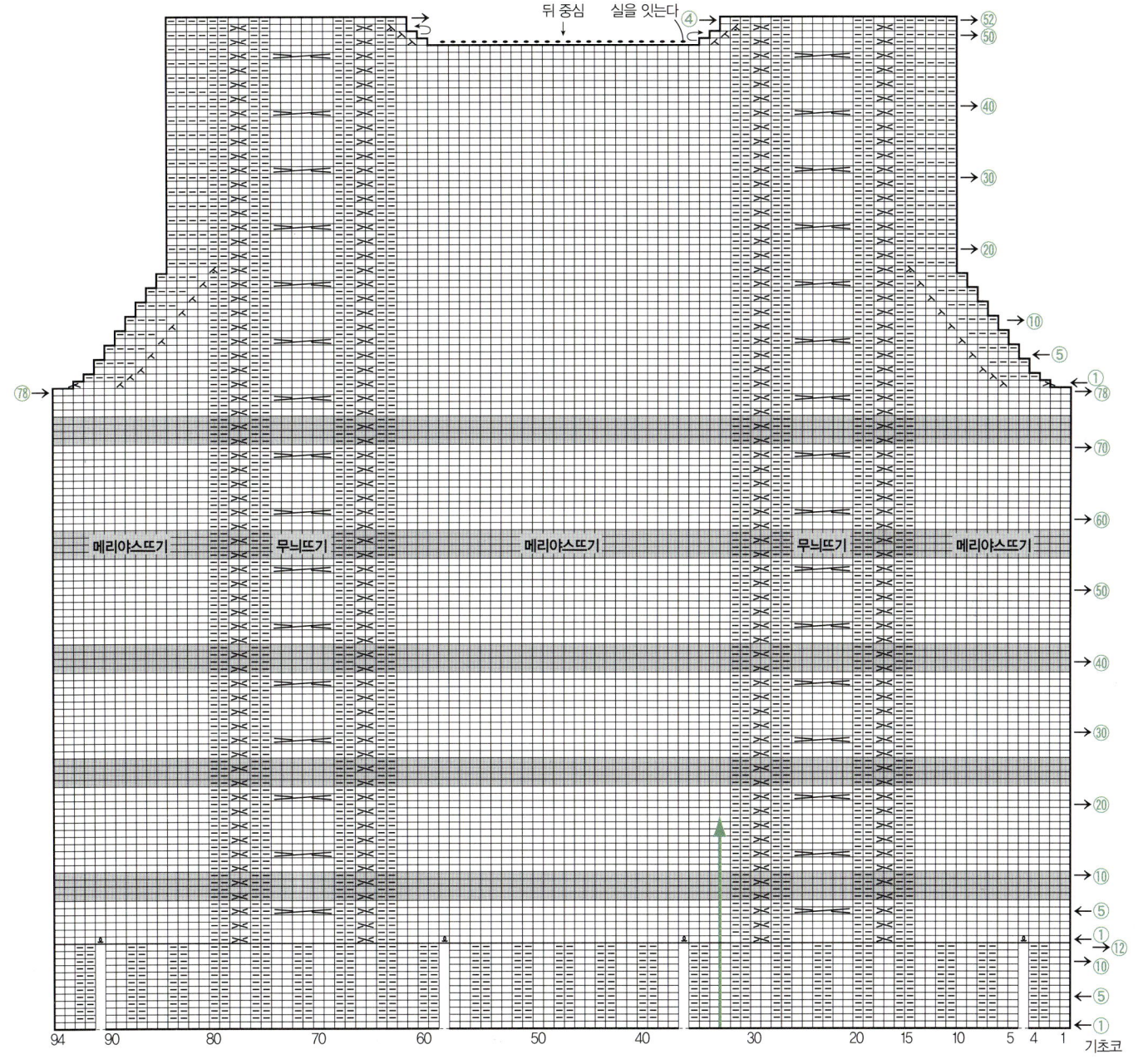

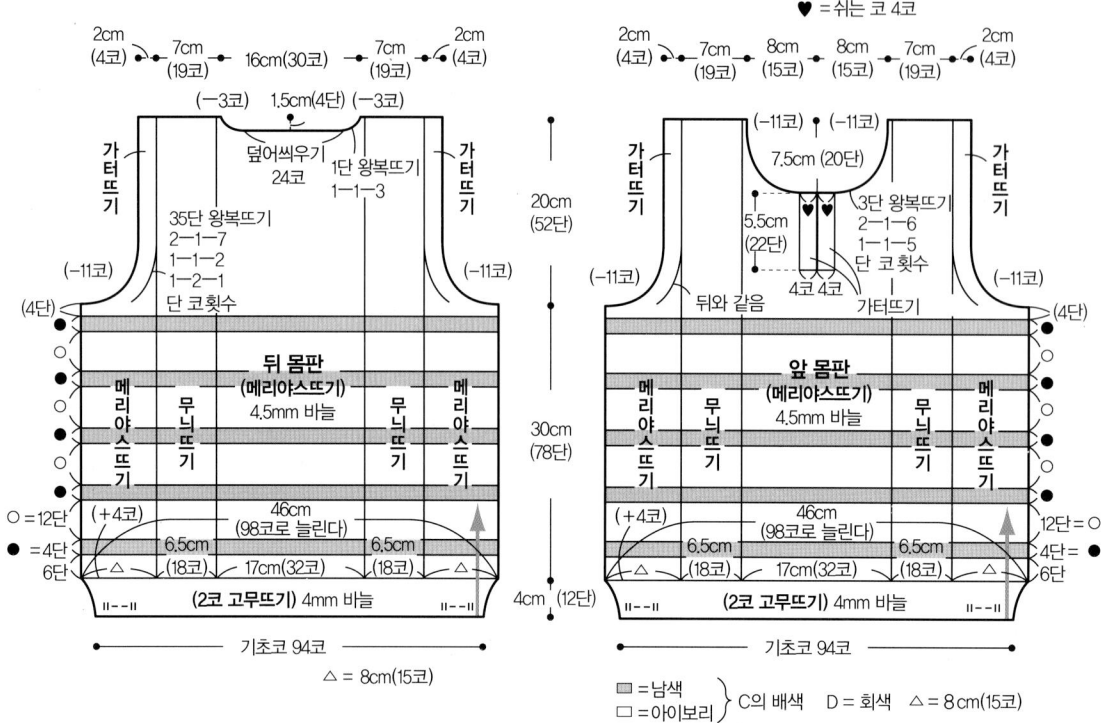

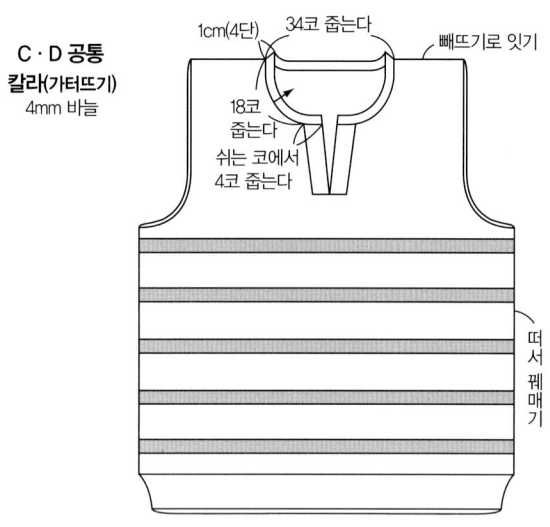

목둘레 마무리하기

단정하면서도 귀여운 분위기를 연출하기 좋은 헨리넥 조끼는
가을부터 겨울, 봄까지 모두 입기 좋아요!

   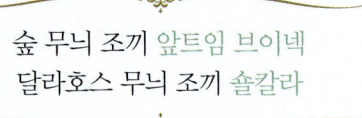

숲 무늬 조끼 앞트임 브이넥
달라호스 무늬 조끼 숄칼라

북유럽의 어두운 녹색 숲을 이미지로 삼아 무늬를 그려냈어요.
코위찬 뜨개실을 이용해 따스하기 그지없는 배색뜨기 조끼랍니다.

E

how to knit … p.42
point lesson … p.22
design & knitting … 아오키 에리코

* 코위찬 니트는 캐나다 원주민 코위찬 족이 방한용으로 뜨던 니트
에서 유래, 동물이나 기하학무늬를 넣어 굵은 실로 뜬다 – 역주

달라호스 배색무늬가 귀여운 칼라 달린 조끼예요.
조금 도톰한 옷에 걸쳐도 잘 어울려서 겉옷으로도 쓰임새가 많답니다.

F

E 숲 무늬 조끼 앞트임 브이넥
F 달라호스 무늬 조끼 숄칼라

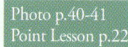
Photo p.40-41
Point Lesson p.22

재료
E 하마나카 캐나디안 3S 트위드 107(어두운 남색) 270g, 캐나디안 3S 6(초록) 70g, 단추(지름 2.2㎝) 4개
F 하마나카 캐나디안 3S 3(흐린 갈색) 360g, 9(연한 파랑) 35g, 4(흑갈색) 25g, 단추(지름 2.2㎝) 4개

바늘
E·F(공통) 줄바늘 120㎝ 5.5㎜·6.5㎜, 대바늘 6.5㎜, 줄바늘 40㎝ 5.5㎜

게이지
E·F(공통) 가로 세로 각 10㎝에 메리야스뜨기·무늬뜨기A·B 12.5코 16단

완성 치수
E·F(공통) 가슴둘레 95.5㎝, 기장 53.5㎝, 어깨너비 34㎝

뜨는 법(E·F 공통) * 배색무늬와 칼라를 달리하여 뜬다

1 **몸판 뜨기** 뒤 몸판과 좌우 앞 몸판을 이어서 뜬다. 손가락에 걸어 만드는 기초코로 코를 잡아서 1코 고무뜨기로 10단 뜬다. 바늘을 바꾸어서 메리야스뜨기로 겨드랑이까지 36단 뜬다. 이때 1~4단은 바탕실로 뜨고, E의 5~31단은 배색무늬A, F의 5~31단은 배색무늬B를, 걸치는 실을 감싸며 뜨는 방법(p.22 포인트레슨 참조)으로 뜬다. 겨드랑이까지 뜬 뒤에 오른쪽 앞 몸판, 뒤 몸판, 왼쪽 앞 몸판 순(아래 그림 참조)으로 각 부분을 뜬다.

2 **마무리하기** 어깨를 메리야스 잇기로 이은 뒤, 좌우 앞 중심선과 앞뒤 목둘레에서 코를 주워서 1코 고무뜨기(오른쪽 앞 여밈단에는 단춧구멍을 낸다)로 6단 뜨고, E는 모든 코를 덮어씌우기로 코막음한다. F는 E와 마찬가지로 6단 뜨고 나서 숄칼라를 이어서 뜬다. 진동둘레는 1코 고무뜨기로 원통뜨기를 하고 덮어씌우기로 코막음한다. 단추를 달아 마무리한다.

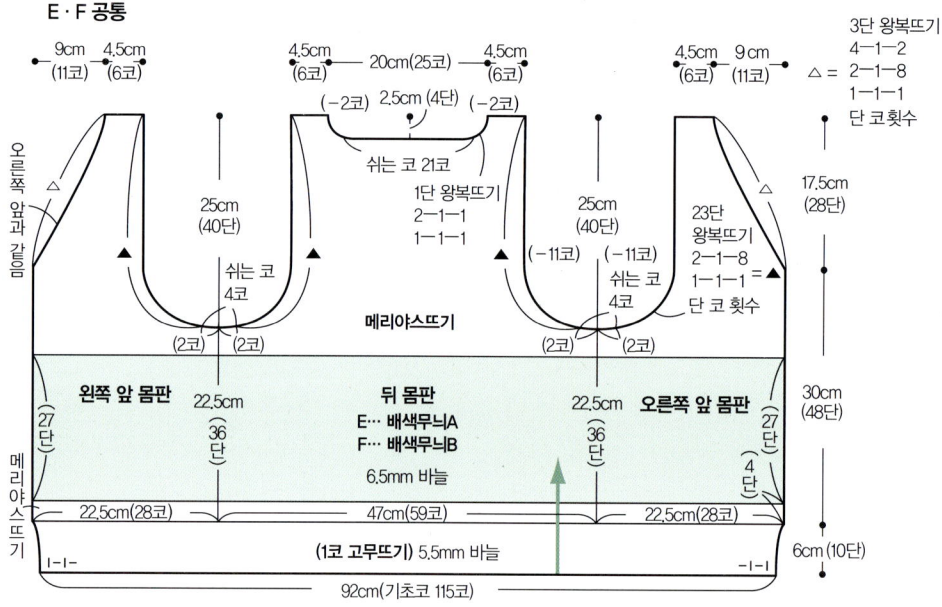

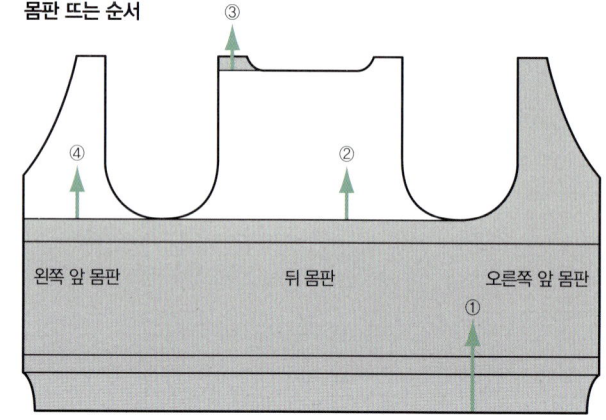

몸판 뜨는 순서

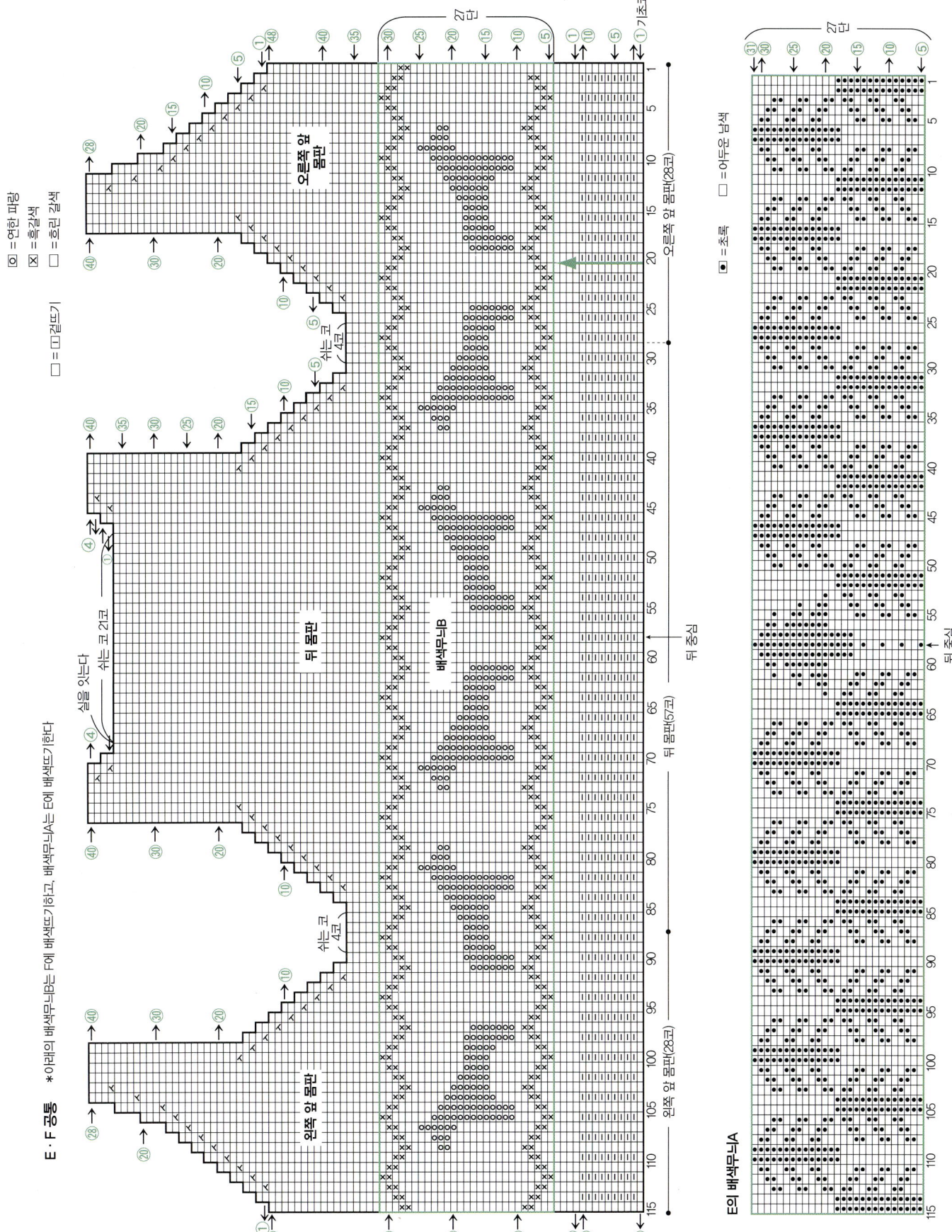

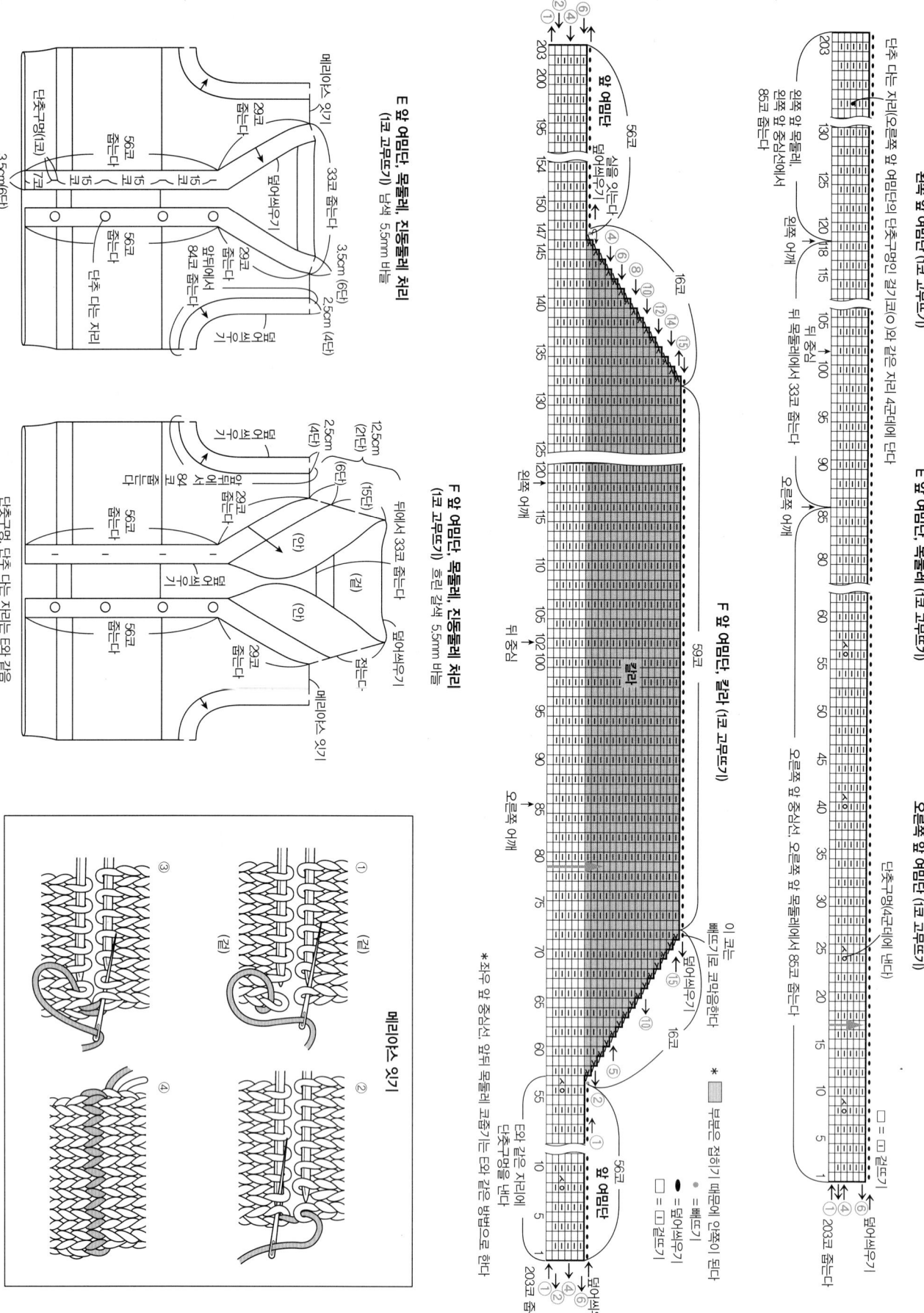

E　　　　　　　　　　　　F

뒤에도 귀여운 배색무늬를 뺑 돌아가며 넣었어요.
E와 F는 전혀 다른 디자인으로 보이지만, 바탕을 뜨는 법과 배색무늬를 넣는 범위는 둘 다 같아요.
실 색깔과 칼라 모양만으로 느낌이 확 달라지는 것이 재미있지요.

G / H

더블 버튼 조끼 쇼트 스타일
더블 버튼 조끼 롱 스타일

G

how to knit ··· p.50
design & knitting ··· 오카 마리코 / 미즈노 준

실 종류와 기장을 달리해서 쇼트 스타일과 롱 스타일로 완성한 더블 버튼 조끼입니다.
더블 버튼으로 된 여밈이 정돈된 느낌을 연출하지요.
잠깐 밖에 나갈 때 이 조끼가 한 벌 있으면 아주 요긴하답니다.

H

앞 여밈단의 가터뜨기도 몸판과 함께 뜨는 디자인이라 마무리하기 쉬워요.
뒤 몸판 한가운데에는 '생명의 나무' 무늬뜨기를 넣었어요.

G

H

뒤 몸판에도 앞과 똑같은 꽈배기 무늬를 양쪽에 떠 넣었어요.
가운데에는 구슬뜨기를 넉넉히 사용한 무늬뜨기로 부피감을 더했지요.
세로선이 아름다운 전통적인 디자인이에요.

G 더블 버튼 조끼 쇼트 스타일
H 더블 버튼 조끼 롱 스타일

Photo p.46-49

재료
G 올림푸스 메이크 메이크 휩 703(회색) 260g, 단추(지름 2cm) 8개
H 올림푸스 트리 하우스 리브즈 3(갈색) 360g, 단추(지름 2cm) 10개

바늘
G·H(공통) 대바늘 4mm·4.5mm, 장갑바늘 4mm

게이지
G·H(공통) 가로 세로 각 10cm에 메리야스뜨기·무늬뜨기D 18코 24.5단, 무늬뜨기 A·A' 27코 24.5단, 무늬뜨기B·C 21코 24.5단

완성 치수
G 가슴둘레 95.5cm, 기장 48cm, 어깨너비 35cm
H 가슴둘레 95.5cm, 기장 61.5cm, 어깨너비 35cm

뜨는 법(G·H 공통)

1 뒤 몸판 뜨기 손가락에 걸어 만드는 기초코로 코를 잡은 후 1코 고무뜨기를 4mm 바늘로, 메리야스뜨기와 무늬뜨기A·B를 4.5mm 바늘로 그림처럼 뜬다.

2 앞 몸판 뜨기 뒤 몸판과 같은 방법으로 기초코를 잡아서 좌우 몸판을 무늬뜨기A·C·D로 뜨고, 오른쪽 앞 여밈단에 단춧구멍을 만든다.

3 어깨 잇기, 옆선 잇기 어깨는 빼뜨기로 잇고(꽈배기 부분의 셋째 코와 넷째 코는 2코를 한 번에 줍는다), 옆선은 돗바늘로 떠서 꿰맨다.

4 목둘레, 진동둘레 뜨기 진동둘레는 장갑바늘로 코를 주워서 1코 고무뜨기로 원통뜨기를 하고, 겉뜨기와 안뜨기를 교대로 하면서 덮어씌우기로 코막음한다. 목둘레는 장갑바늘로 코를 주워서 1코 고무뜨기로 왕복뜨기를 하고, 진동둘레와 마찬가지로 덮어씌우기로 코막음한다.

5 마무리하기 단추 다는 자리에 단추를 단다.

―― =G
―― =H
※특별한 지시가 없는 곳은 G·H 공통

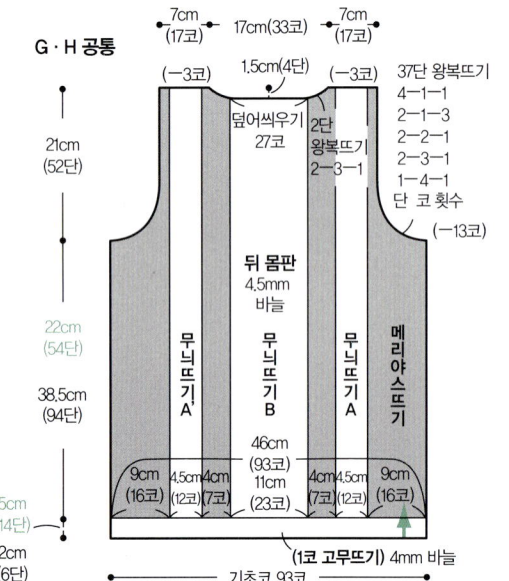

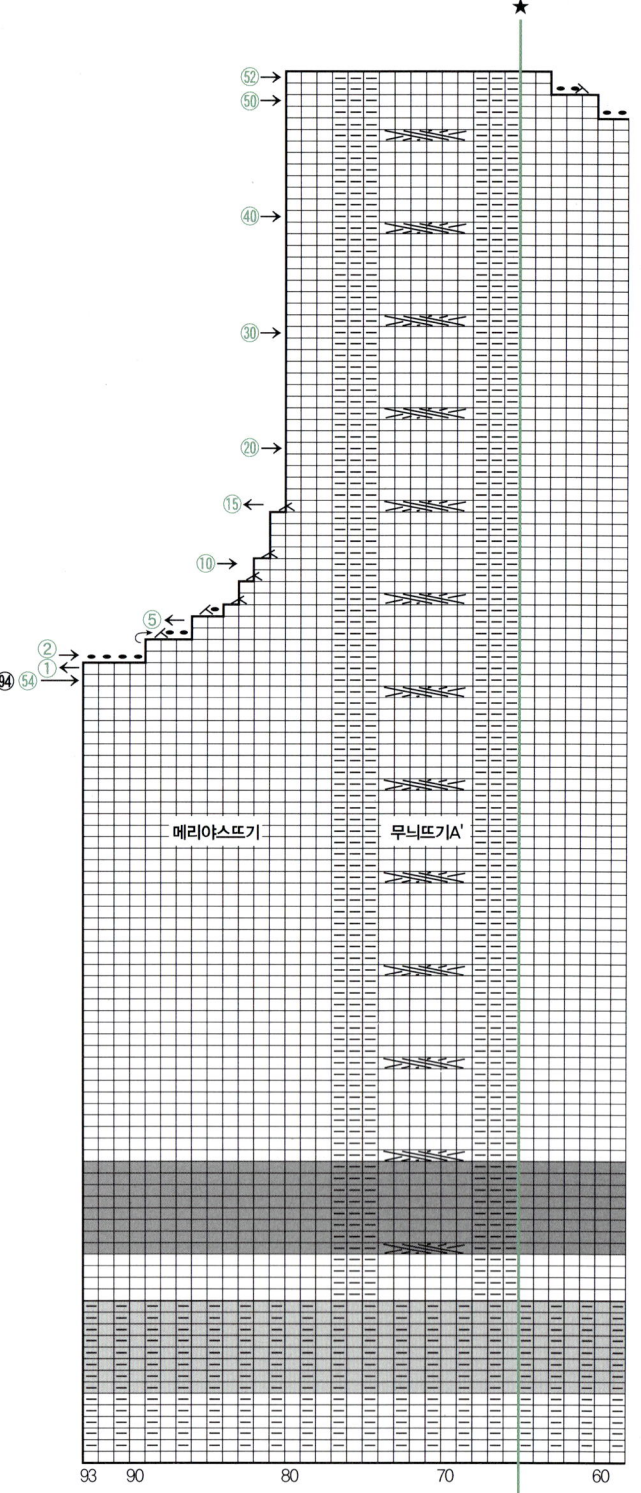

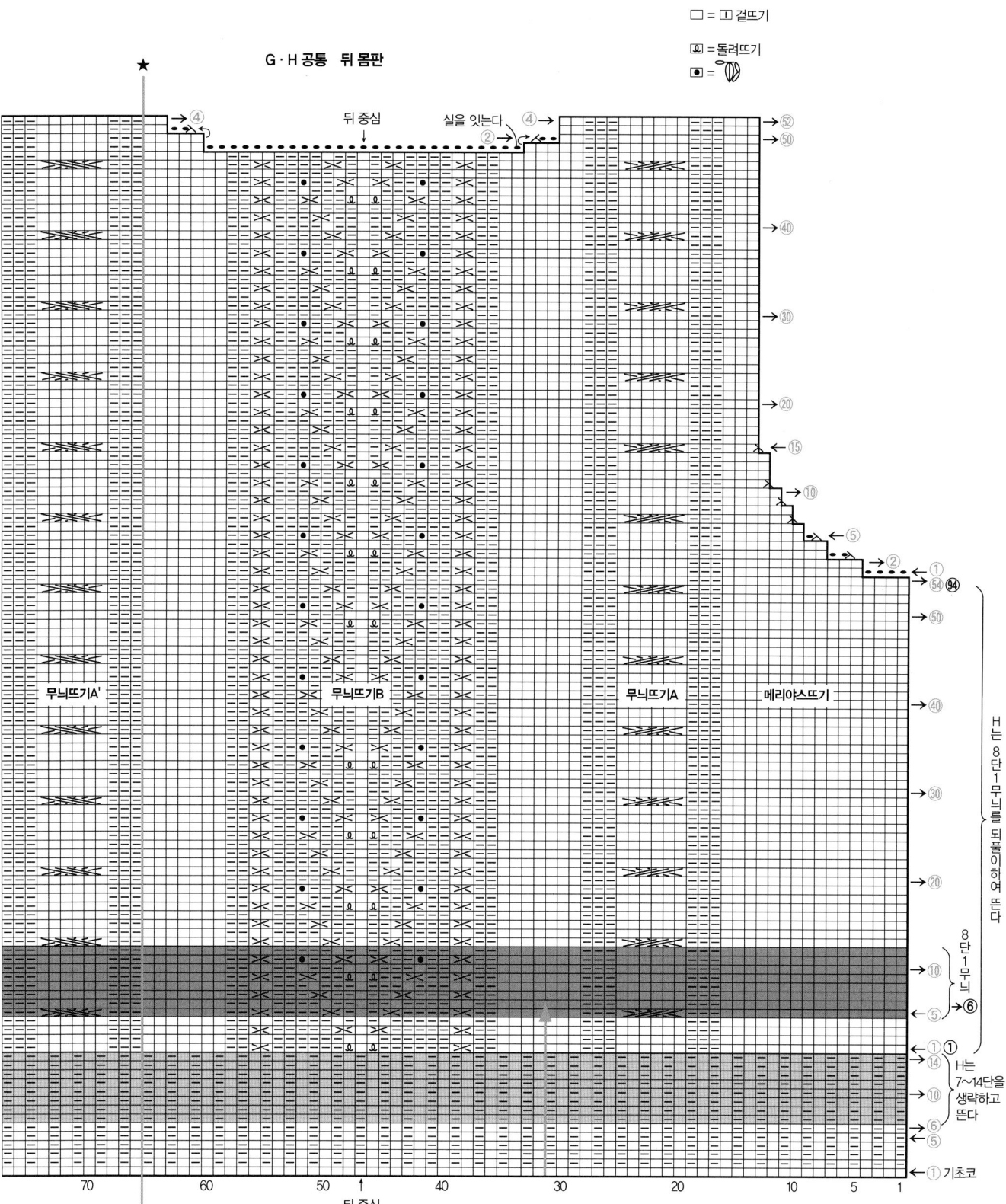

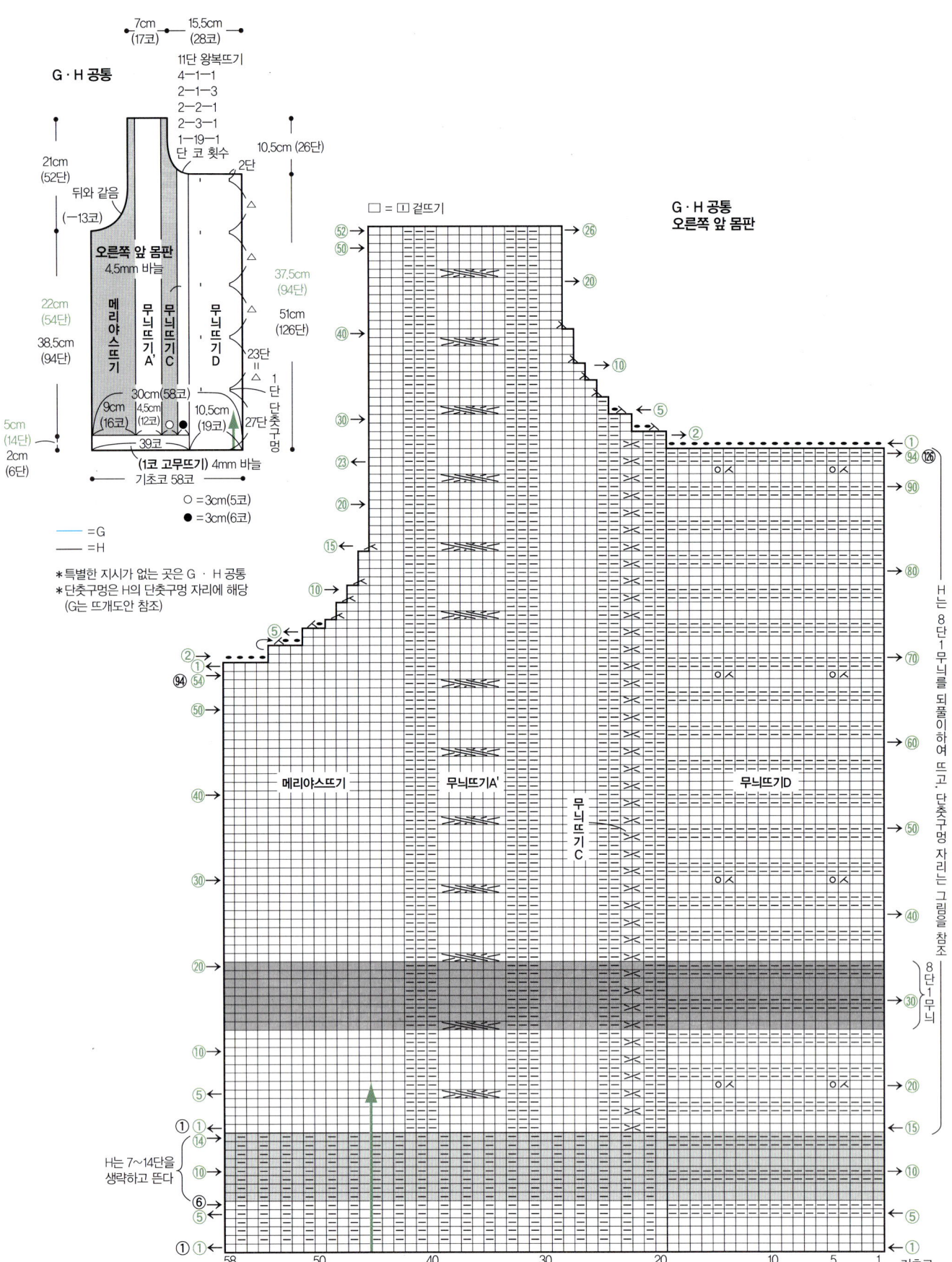

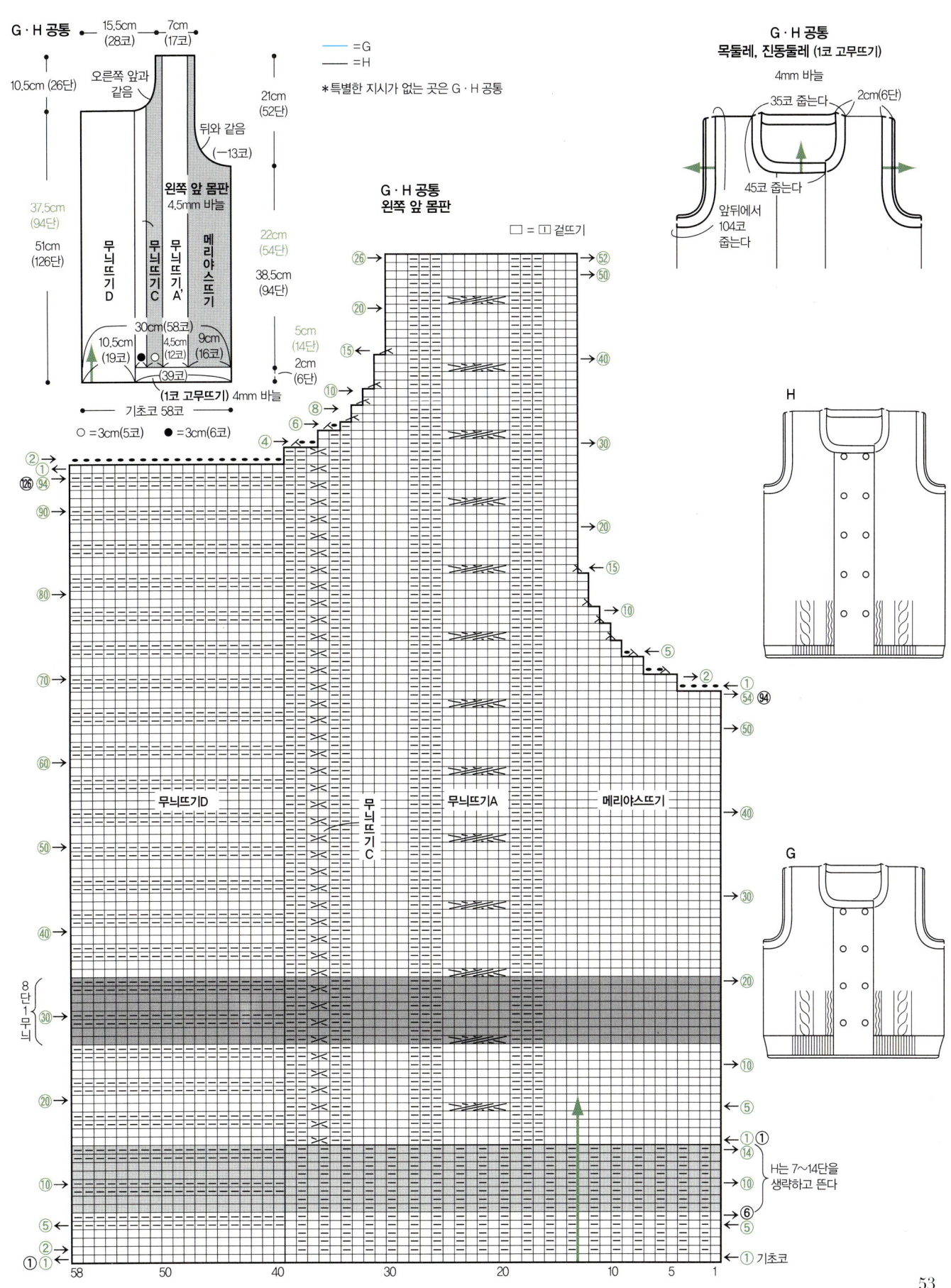

I / J

스탠드칼라 배색뜨기 조끼 부분 무늬
스탠드칼라 배색뜨기 조끼 전체 무늬 & 주머니

I

how to knit … p.56
point lesson … p.23
design & knitting … 혼마 사치코

북유럽풍의 다채로운 배색으로 뜬 기하학무늬 조끼예요.
얼핏 보기에는 어려워 보이지만,
한 단에서는 실을 2가지 색만 사용해서 쉽게 뜰 수 있도록 디자인했습니다.
배색뜨기 초보자는 부분 무늬인 I부터,
본격적으로 배색뜨기에 도전하고 싶은 사람은 전체 무늬인 J를 시도해 보세요.

J

I 스탠드칼라 배색뜨기 조끼 부분 무늬
J 스탠드칼라 배색뜨기 조끼 전체 무늬 & 주머니

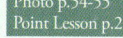
Photo p.54-55
Point Lesson p.23

재료
I 하마나카 리치모어 스펙터 모뎀 43(어두운 초록) 250g, 14(청록) 30g, 19(밝은 보라) 26g, 49(밝은 회색) 15g, 35(진한 보라) 22g, 33(남청) 17g, 48(어두운 회색) 13g, 40(빨강) 8g, 단추(지름 2.5cm) 5개
J 하마나카 리치모어 스펙터 모뎀 24(보라) 100g, 22(파랑) 66g, 30(꽃분홍) 28g, 35(진한 보라) 50g, 49(밝은 회색) 35g, 37(초록) 11g, 38(선명한 녹연두) 32g, 44(남색) 23g, 20(빨간 자주) 44g, 48(어두운 회색) 43g, 단추(지름 2.5cm) 5개

바늘
I·J(공통) 대바늘 3.5mm·4mm, 장갑바늘 3.5mm

게이지
I·J(공통) 가로 세로 각 10cm에 배색무늬 24코 27단

완성 치수
I·J(공통) 가슴둘레 102cm, 기장 56cm, 어깨너비 31cm

뜨는 법(I·J 공통)

1 **뒤 몸판 뜨기** 손가락에 걸어 만드는 기초코로 코를 잡아서 아랫단을 2코 고무뜨기로 뜬다. 3군데에서 코를 늘리고 배색무늬로 어깨까지 뜬다.

2 **앞 몸판 뜨기** 뒤 몸판과 같은 방법으로 기초코를 잡아서 그림처럼 좌우를 따로 뜬다. J는 도중에서 주머니 입구 부분을 뜬다.

3 **J의 안주머니 뜨기** 손가락에 걸어 만드는 기초코로 코를 잡아서 메리야스뜨기로 뜬다. 좌우 앞 몸판에서 코를 주워서 주머니 입구의 2코 고무뜨기를 하고 덮어씌우기로 코막음한다.

4 **어깨 잇기, 옆선 잇기** 어깨는 빼뜨기로 잇고, 옆선은 돗바늘로 떠서 꿰맨다(J는 안주머니 부분을 빼고 잇는다).

5 **칼라, 앞 여밈단, 진동둘레 뜨기** 칼라는 목둘레에서 코를 주워서 2코 고무뜨기로 뜨고 덮어씌우기로 코막음한다. 앞 여밈단은 2코 고무뜨기로 뜨고 오른쪽 앞 여밈단에 단춧구멍을 낸다(p.23 포인트레슨 참조). 진동둘레는 장갑바늘로 코를 주워서 2코 고무뜨기로 원통뜨기를 하고 덮어씌우기로 코막음한다.

6 **마무리하기** 앞 여밈단에 단추를 달고, 안주머니를 몸판 안쪽에 꿰매어 단다.

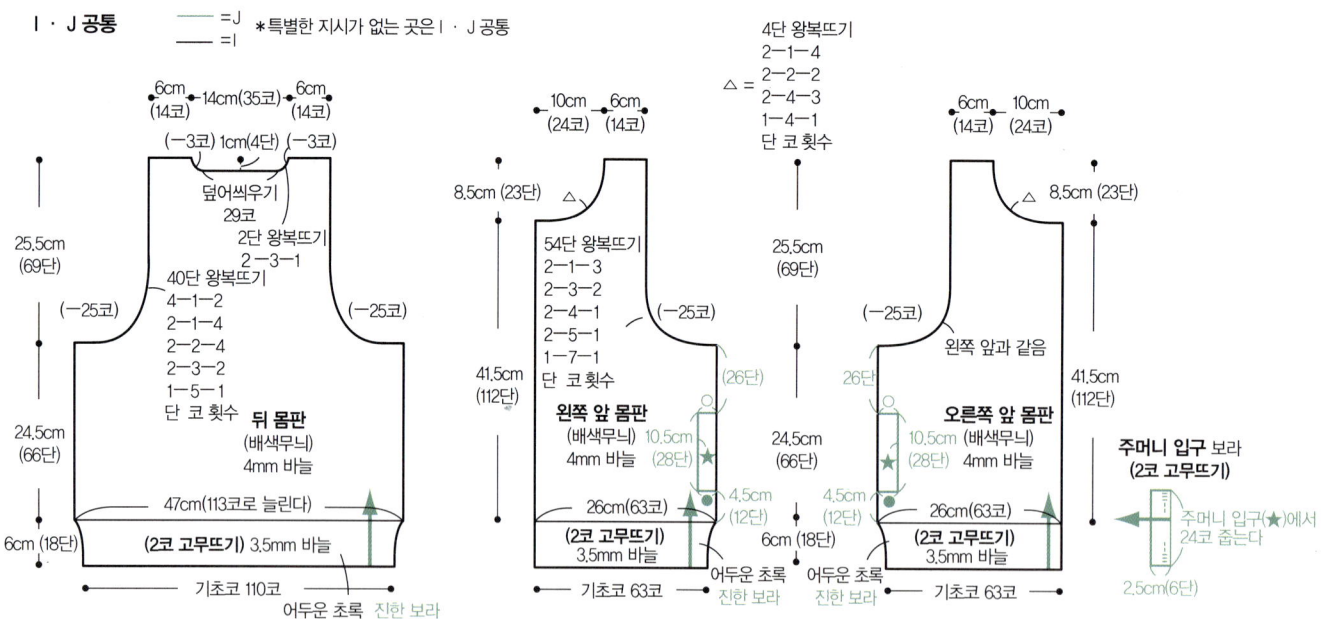

뒤 몸판

중심
실을 잇는다

□ = □ 걸뜨기
☒ = 남청
= 밝은 보라
= 밝은 회색
= 빨강
= 어두운 회색
○ = 청록
= 어두운 초록

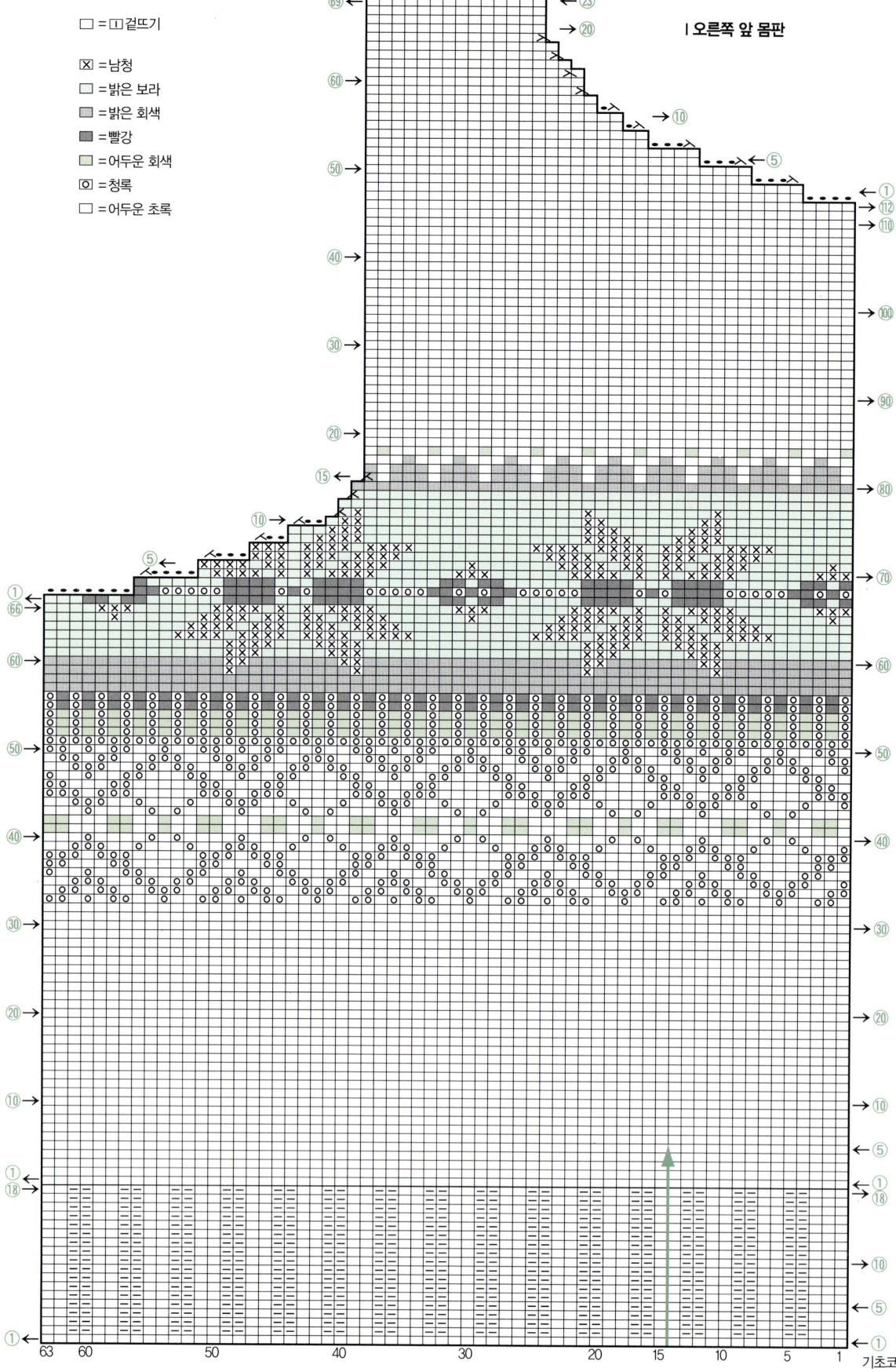

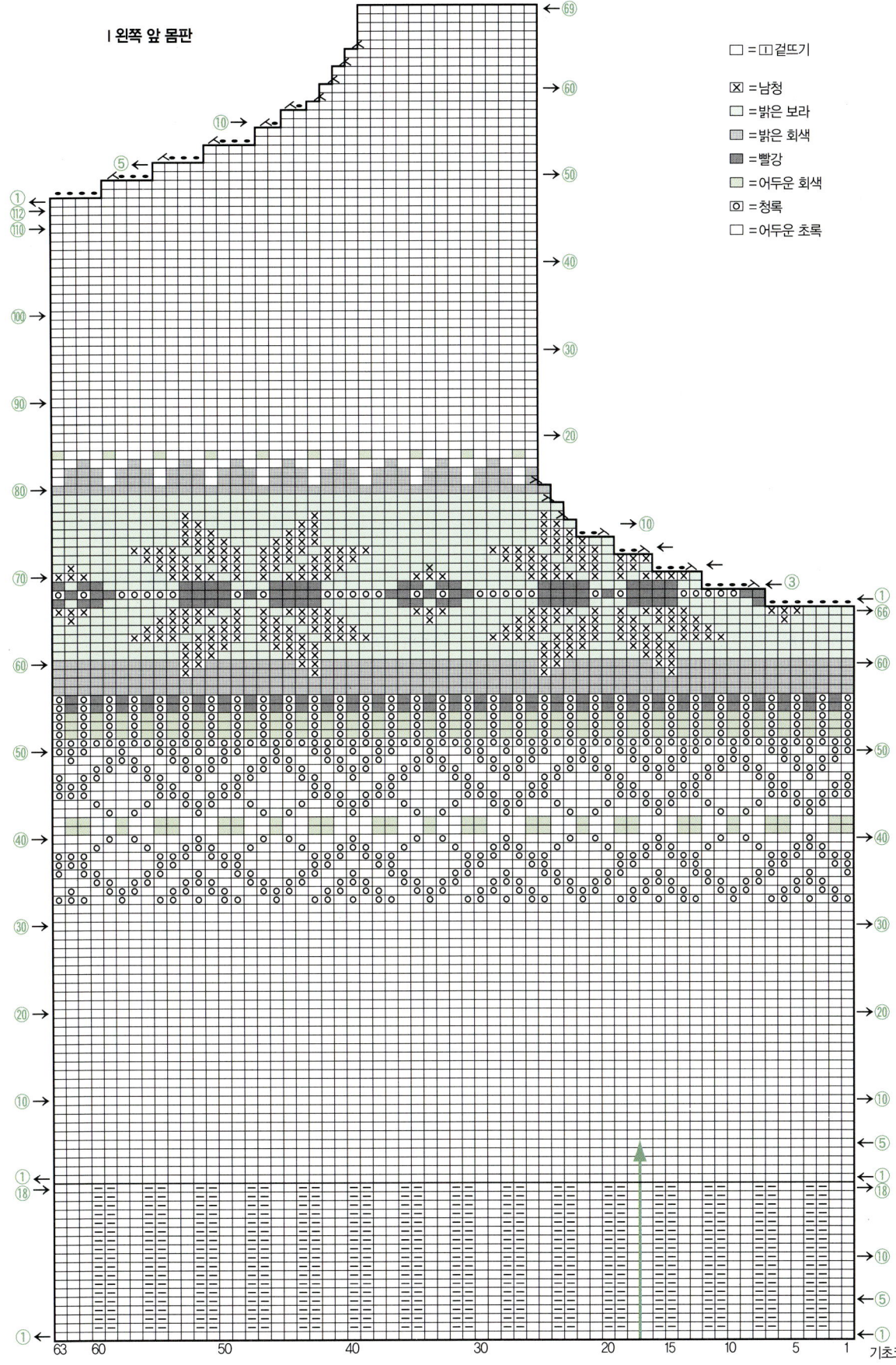

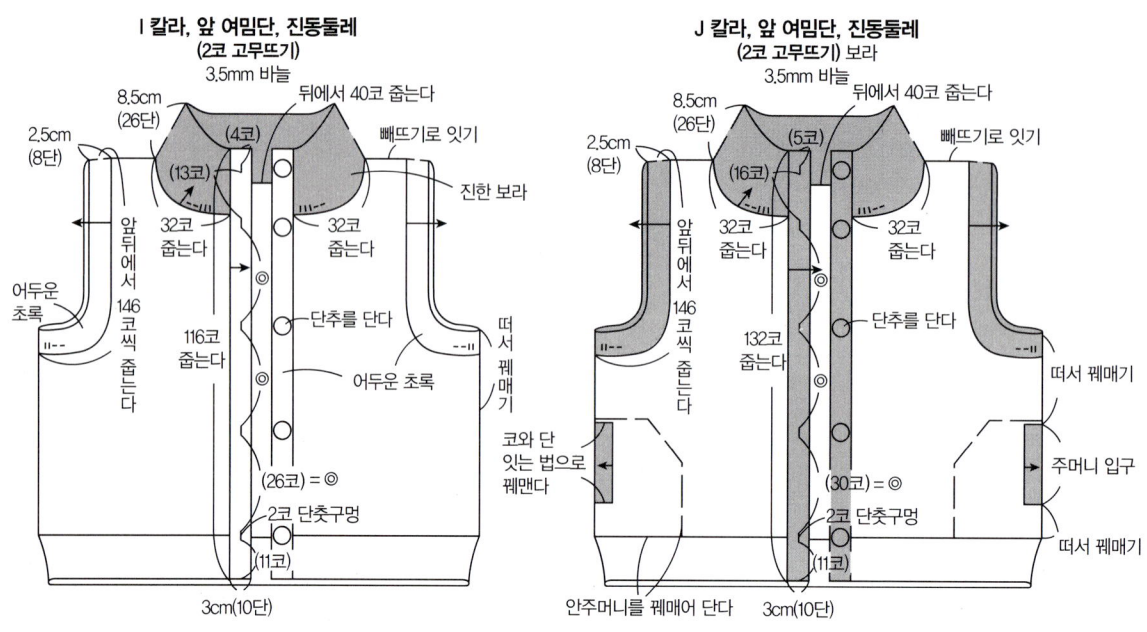

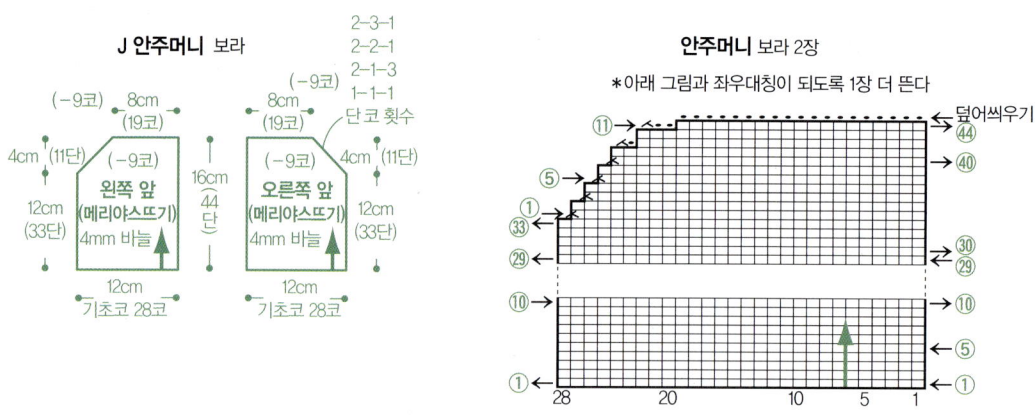

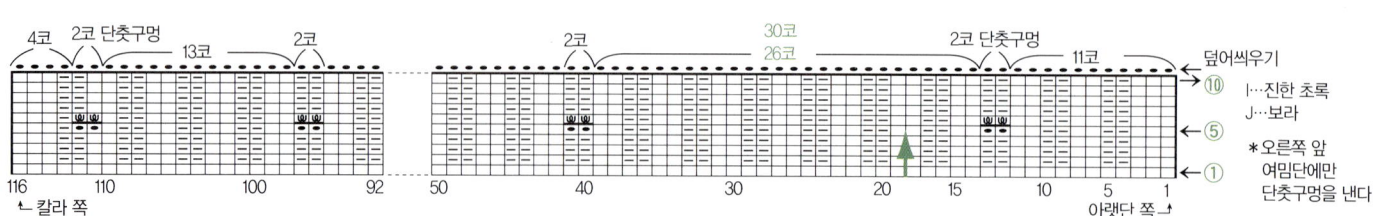

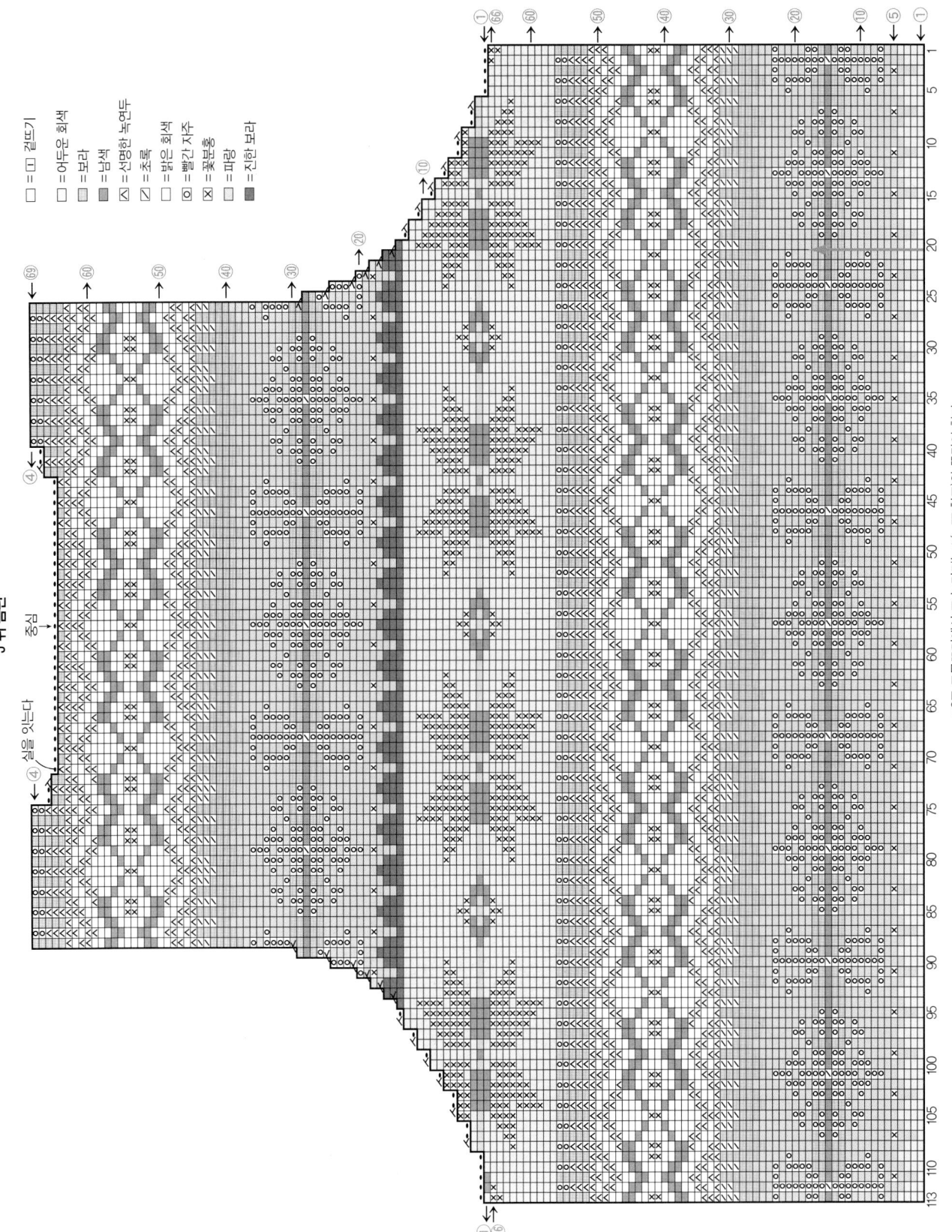

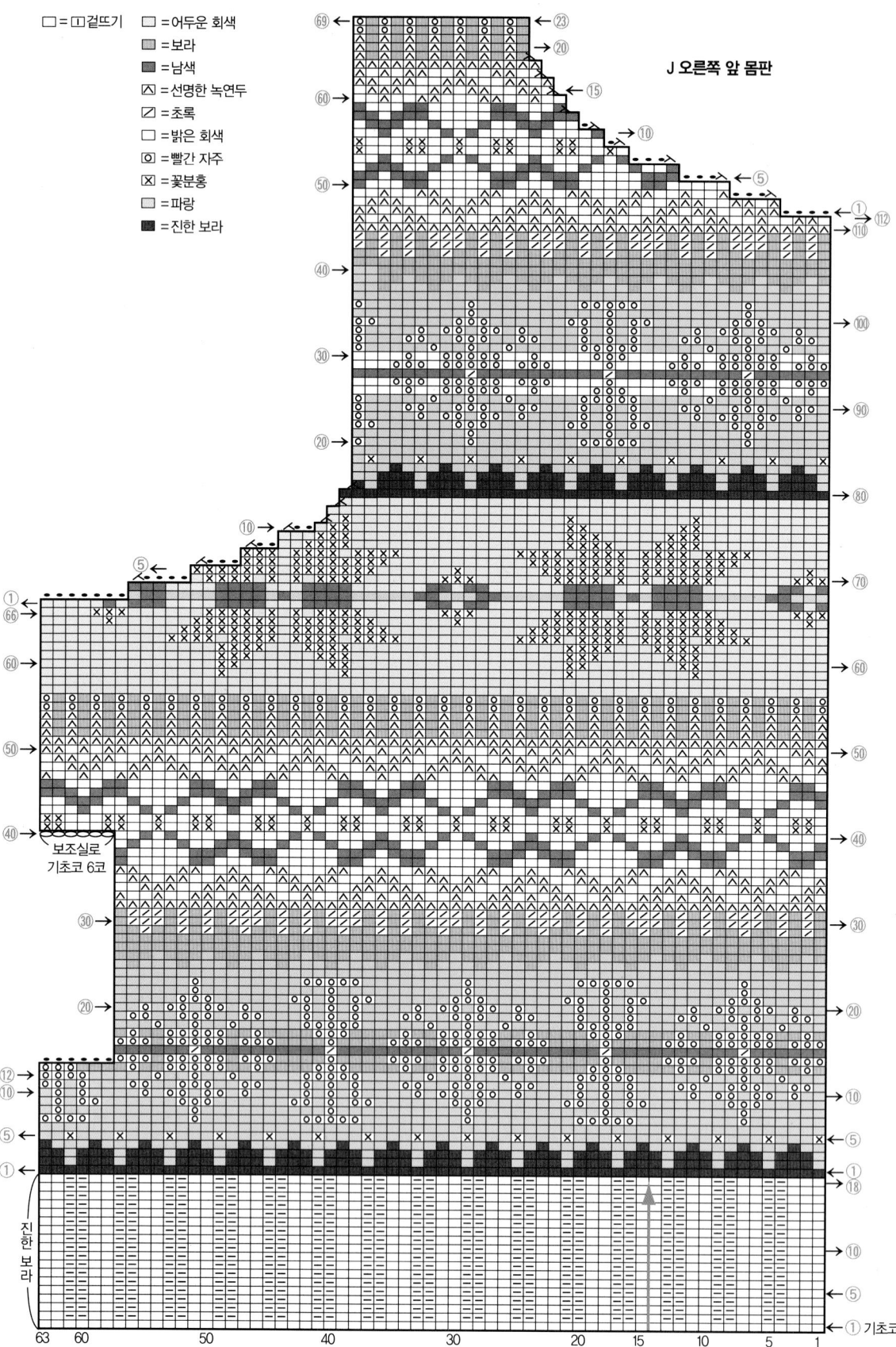

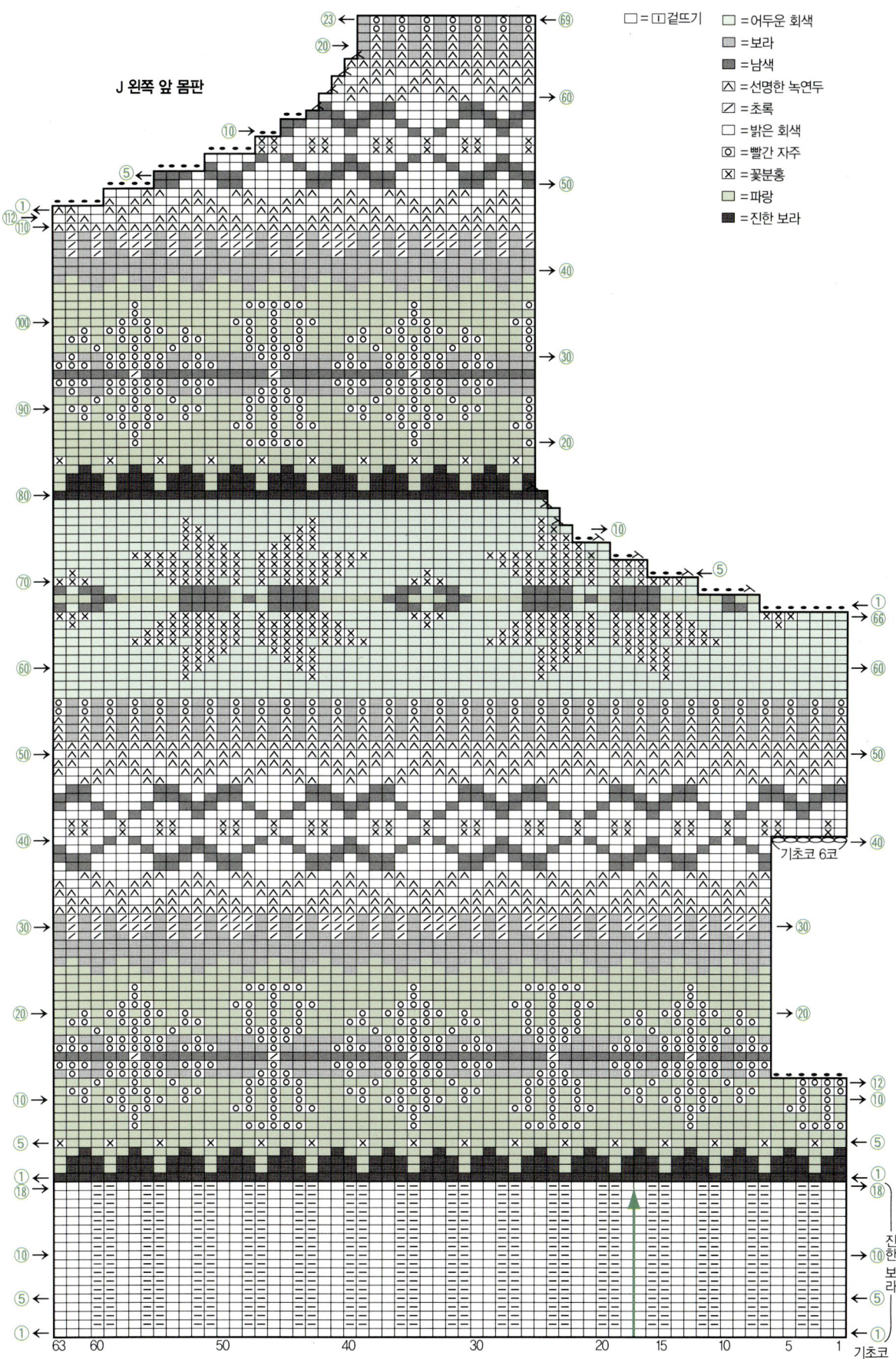

K / L

꽈배기 무늬와 멍석뜨기 조끼 슬래시트넥
꽈배기 무늬와 멍석뜨기 조끼 하이넥 & 롱 스타일

K

how to knit … p.66
design & knitting … 가와이 마유미 / 호리구치 미유키

북유럽의 하늘과 자연을 이미지로 삼은 색깔의 실로 단순하게 뜬 조끼예요.
코를 늘리거나 줄이지 않고 일자로만 뜬 몸판을 이으면 완성이지요.
롱 스타일은 고무뜨기 부분을 길게 하고 목에는 따로 뜬 꽈배기 무늬 뜨개조직을 달았어요.

L

K 꽈배기 무늬와 멍석뜨기 조끼 슬래시트넥
L 꽈배기 무늬와 멍석뜨기 조끼 하이넥 & 롱 스타일

Photo p.64-65

재료
K 하마나카 리치모어 스펙터 모뎀 22(파랑) 300g
L 하마나카 리치모어 스타메 트위드 203(갈색 계열 트위드) 380g

바늘
K 대바늘 5mm, 코바늘 8/0호 L 대바늘 4.5mm, 코바늘 7/0호

게이지
K·L(공통) 가로 세로 각 10cm에 무늬뜨기A 25코 26단, 2코 2단 멍석뜨기·가터뜨기 17코 26단

완성 치수
K 가슴둘레 92cm, 기장 54cm, 어깨너비 46cm
L 가슴둘레 92cm, 기장 63cm, 어깨너비 46cm

뜨는 법(K·L 공통)
* 몸판에서 아랫단 고무뜨기는 K 20단, L 42단 뜨고, 그 외에는 K·L 공통으로 뜬다. L에만 칼라를 떠서 붙인다

1 **앞뒤 몸판 뜨기** 손가락에 걸어 만드는 기초코로 코를 잡아서, 겉뜨기 3코 안뜨기 2코의 변형 고무뜨기로 뜬다. 이어서 가터뜨기, 무늬뜨기A, 2코 2단 멍석뜨기로 코를 늘리거나 줄이지 않고 어깨까지 뜬다. 트임 끝에는 표시를 해 둔다. 어깨 코는 쉬게 두고, 칼라 트임 부분은 덮어씌우기로 코막음한다.

2 **어깨 잇기, 옆선 잇기** 어깨는 빼뜨기로 잇고, 옆선은 돗바늘로 떠서 꿰맨다.

3 **칼라 뜨기(L만 해당)** 뜨개도안을 참조하여 무늬뜨기B로 뜬다. 뜨기 시작과 끝의 코를 각각 4군데에서 겹쳐서 고리 모양으로 만들고 빼뜨기로 잇는다. 목둘레에 칼라를 빼뜨기로 이어 붙이고, 안으로 접어서 감친다.

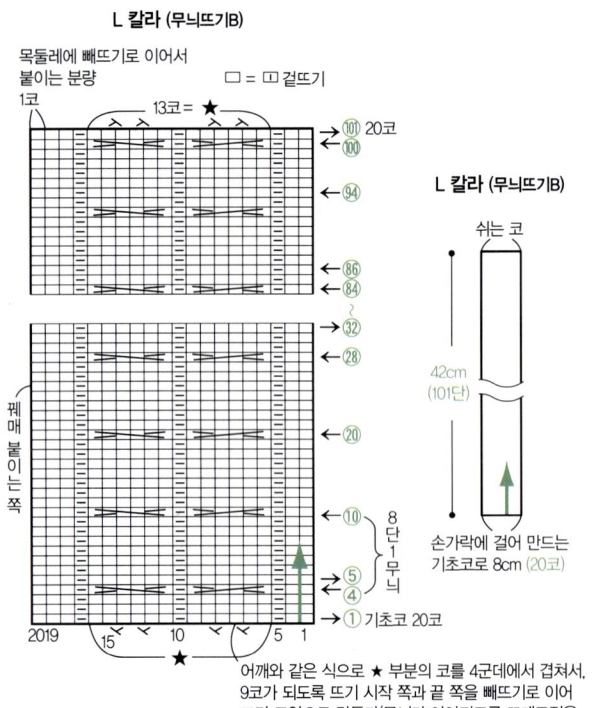

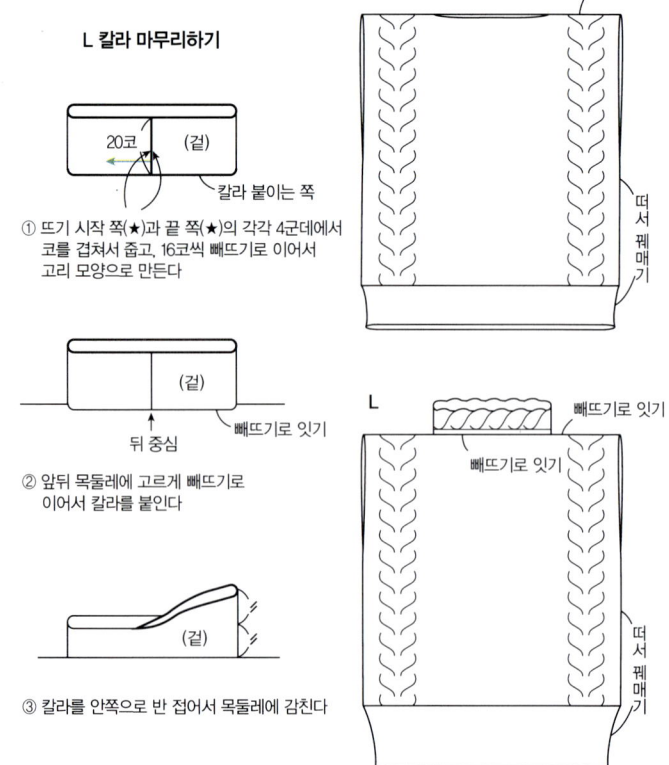

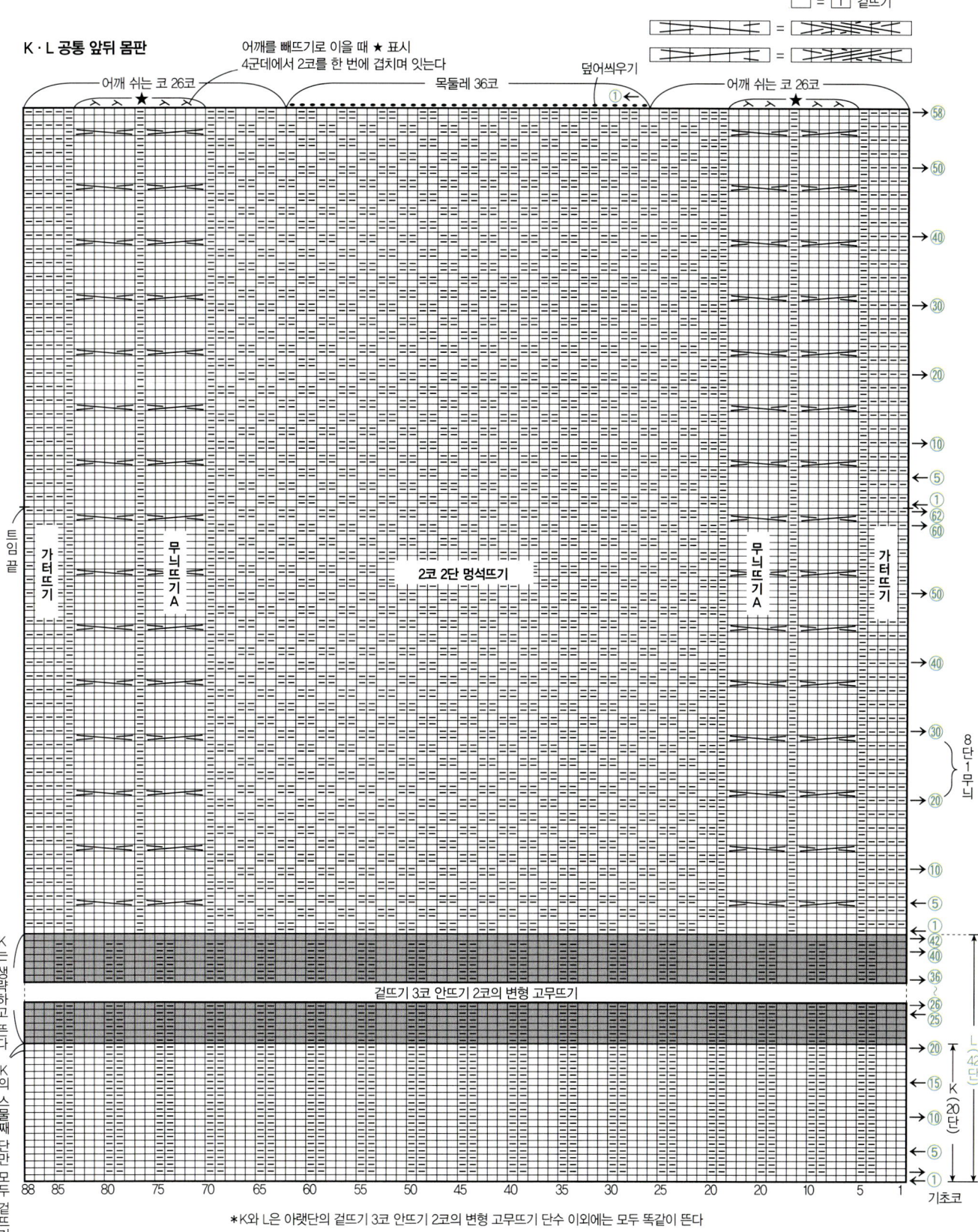

M / N

기하학무늬 브이넥 조끼 알록달록 밝은 색
기하학무늬 브이넥 조끼 세련된 모노톤

M

how to knit ··· p.70
design & knitting ··· 이마무라 요코

같은 무늬지만 배색을 바꾸면 인상도 완전히 달라져요.
반짝이는 한낮의 설경과 신비한 밤의 설경을 바라보는 느낌이랄까요.

N

M 기하학무늬 브이넥 조끼 알록달록 밝은 색
N 기하학무늬 브이넥 조끼 세련된 모노톤

Photo p.68-69

재료
M 하마나카 리치모어 스펙터 모뎀 11(베이지) 125g, 1(흰색) 95g, 38(초록) 30g, 39(흑갈색) 13(녹연두) 10(노랑) 15g씩
N 하마나카 리치모어 스펙터 모뎀 47(어두운 회색) 180g, 2(흰노랑) 100g

바늘
M·N(공통) 대바늘 3.5mm·4mm, 장갑바늘 3.5mm

게이지
M·N(공통) 가로 세로 각 10cm에 배색무늬 20.5코 24.5단

완성 치수
M·N(공통) 가슴둘레 86cm, 기장 53.5cm, 어깨너비 33cm

뜨는 법 (M·N 공통)
1. **뒤 몸판 뜨기** 손가락에 걸어 만드는 기초코로 코를 잡아서 1코 고무뜨기와 배색무늬로 뜬다.
2. **앞 몸판 뜨기** 뒤 몸판과 같은 방법으로 기초코를 잡고 그림처럼 뜬다.
3. **어깨 잇기** 어깨는 빼뜨기로 잇는다.
4. **목둘레 뜨기** 목둘레는 장갑바늘로 코를 주워서 1코 고무뜨기로 원통뜨기를 하고, 끝낼 때는 덮어씌우기로 코막음한다.
5. **진동둘레 뜨기** 진동둘레는 1코 고무뜨기로 왕복뜨기를 하고 덮어씌우기로 코막음한다.
6. **마무리하기** 옆선부터 진동둘레까지 이어서, 돗바늘로 떠서 꿰맨다.

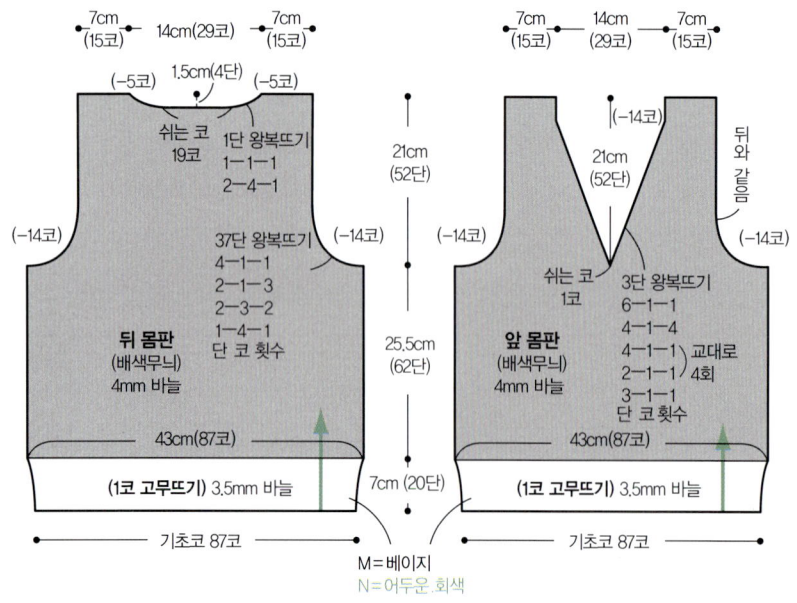

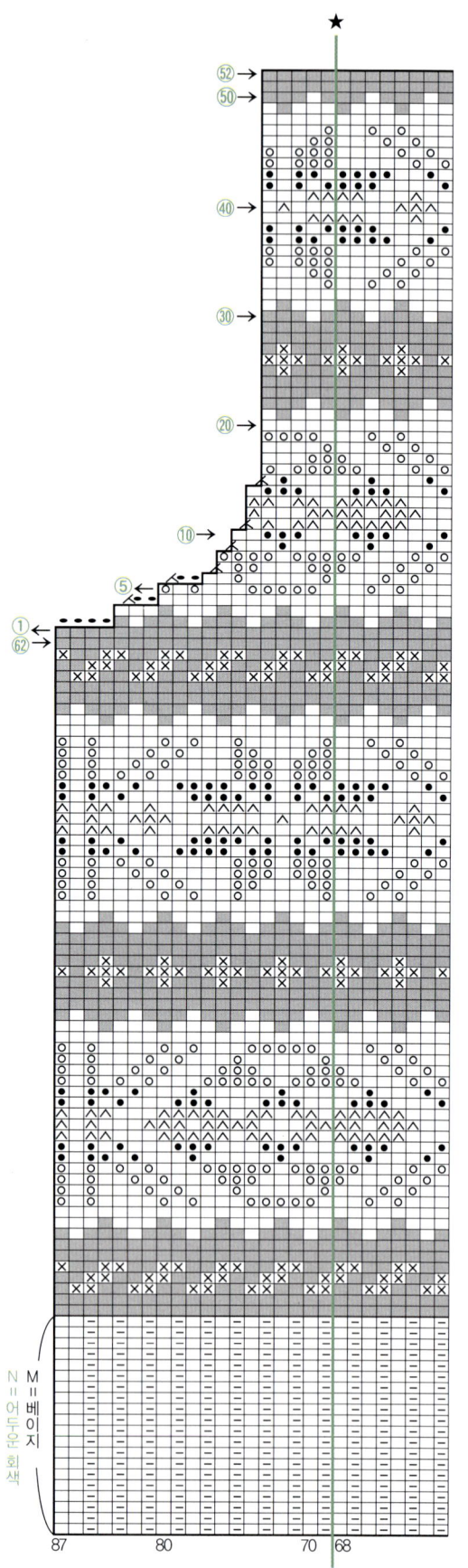

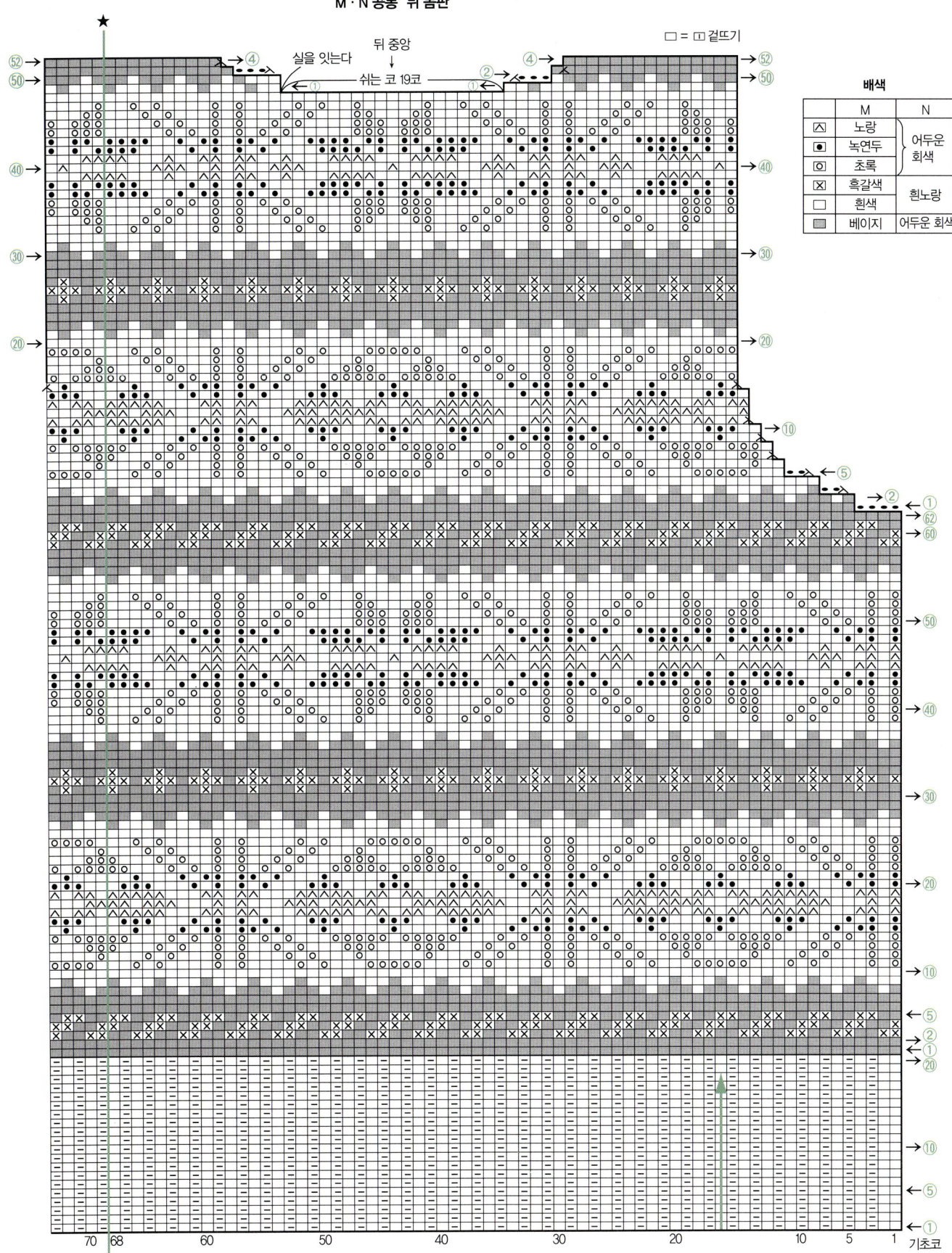

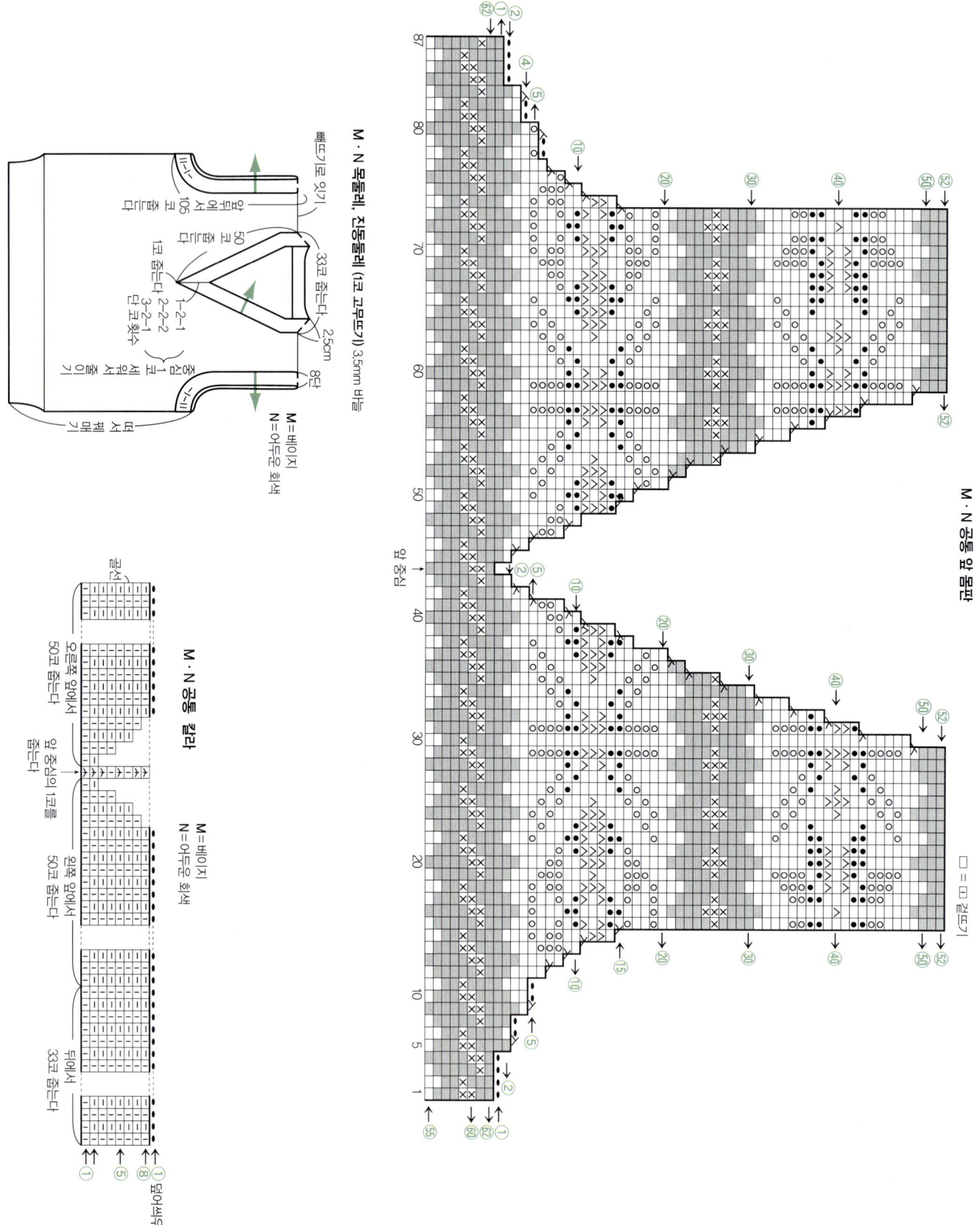

코가 가지런한 배색무늬는 칼라 달린 단정한 셔츠에 꼭 어울려요.
위에 재킷을 걸쳤을 때 슬쩍 들여다보이는 무늬가 멋진, 어른의 세련된 아이템이랍니다.

N

O / P

일자뜨기 조끼 **쇼트 스타일**
일자뜨기 조끼 **스탠다드 스타일**

O

how to knit … p.76
point lesson … p.21
design & knitting … 시바타 준

코를 줄이지 않고 간단하게 일자로 뜨는 조끼입니다.
어깨의 꿰매는 부분을 고안하여 소매가 달린 것처럼 보이는 형태로 완성했습니다.
쇼트 스타일은 살짝 걸칠 수 있도록 간단하게 여미고
롱 스타일은 목이 따스하도록 깊이 여미게 마무리했어요.

P

O 일자뜨기 조끼 쇼트 스타일
P 일자뜨기 조끼 스탠다드 스타일

Photo p.74-75
Point Lesson p.21

재료
O 하마나카 아란 트위드 6(진한 빨강) 240g, 단추(지름 2.8cm) 1개
P 하마나카 멘즈 클럽 마스터 22(아이보리) 350g, 단추(지름 2cm) 1개,
뿔 모양 단추(길이 5.2cm) 1개

바늘
O 대바늘 5mm, 코바늘 8/0호 P 대바늘 5.5mm, 코바늘 10/0호

게이지
O 가로 세로 각 10cm에 무늬뜨기 19.5코 23단, 가터뜨기 16코 23단
P 가로 세로 각 10cm에 무늬뜨기 18코 20단, 가터뜨기 14코 20단

완성 치수
O 가슴둘레 112cm, 기장 49.5cm, 어깨너비 56cm
P 가슴둘레 124cm, 기장 57cm, 어깨너비 62cm

뜨는 법(O·P 공통)
* O와 P의 콧수는 공통으로 하고 단수만 다르게 뜬다

1. **뒤 몸판 뜨기** 손가락에 걸어 만드는 기초코로 코를 잡아서 가터뜨기와 무늬뜨기로 코를 늘리거나 줄이지 않고 어깨까지 뜬다. 이때 무늬뜨기 부분만 마지막 10단은 중심의 62코를 1코 줄여서 61코를 1코 고무뜨기로 뜨고, 모든 코를 덮어씌우기로 코막음한다. 트임 끝에는 표시를 해 둔다.

2. **앞 몸판 뜨기** 뒤 몸판과 같은 방법으로 기초코를 잡고 그림처럼 뜬다. O는 오른쪽 앞 몸판에 1군데, P는 좌우 앞 몸판에 1군데씩 단춧구멍을 낸다.

3. **어깨 잇기, 옆선 잇기** 앞뒤 몸판의 어깨는 맞춤점을 맞춰서 겉끼리 맞대고 빼뜨기로 잇는다(p.21 포인트레슨 참조). 옆선은 가터뜨기와 메리야스뜨기 잇는 법(p.20)을 참조하여 꿰맨다.

4. **마무리하기** 앞 중심선에 단추를 달아서 마무리한다.

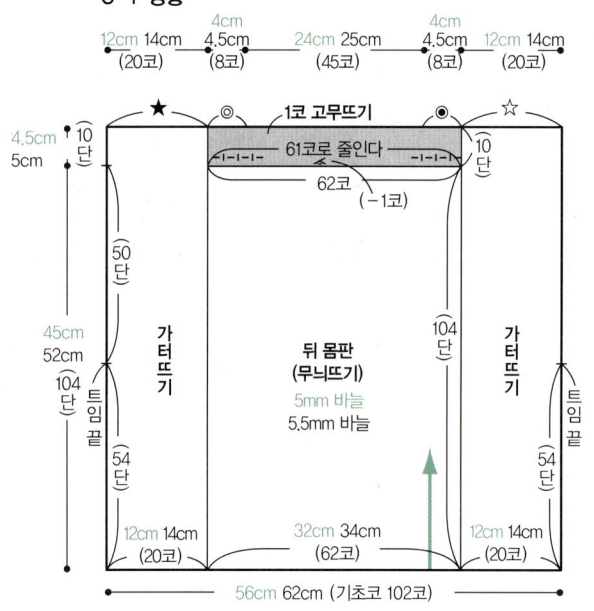

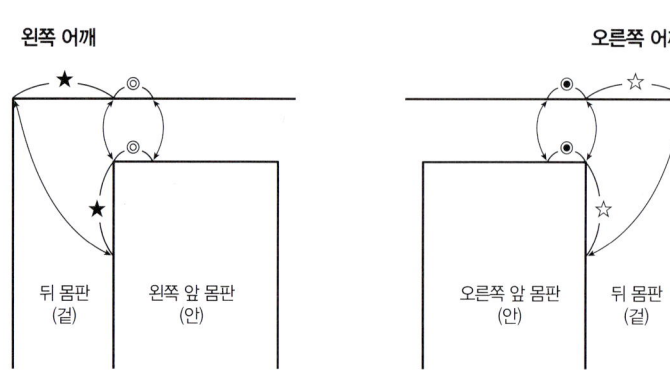

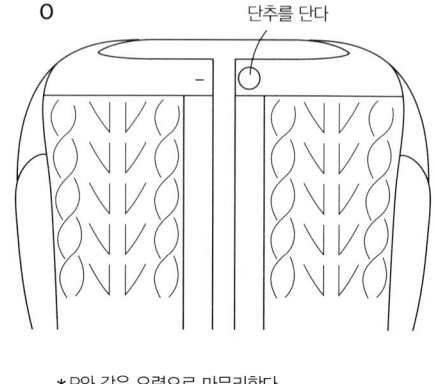

*P와 같은 요령으로 마무리한다

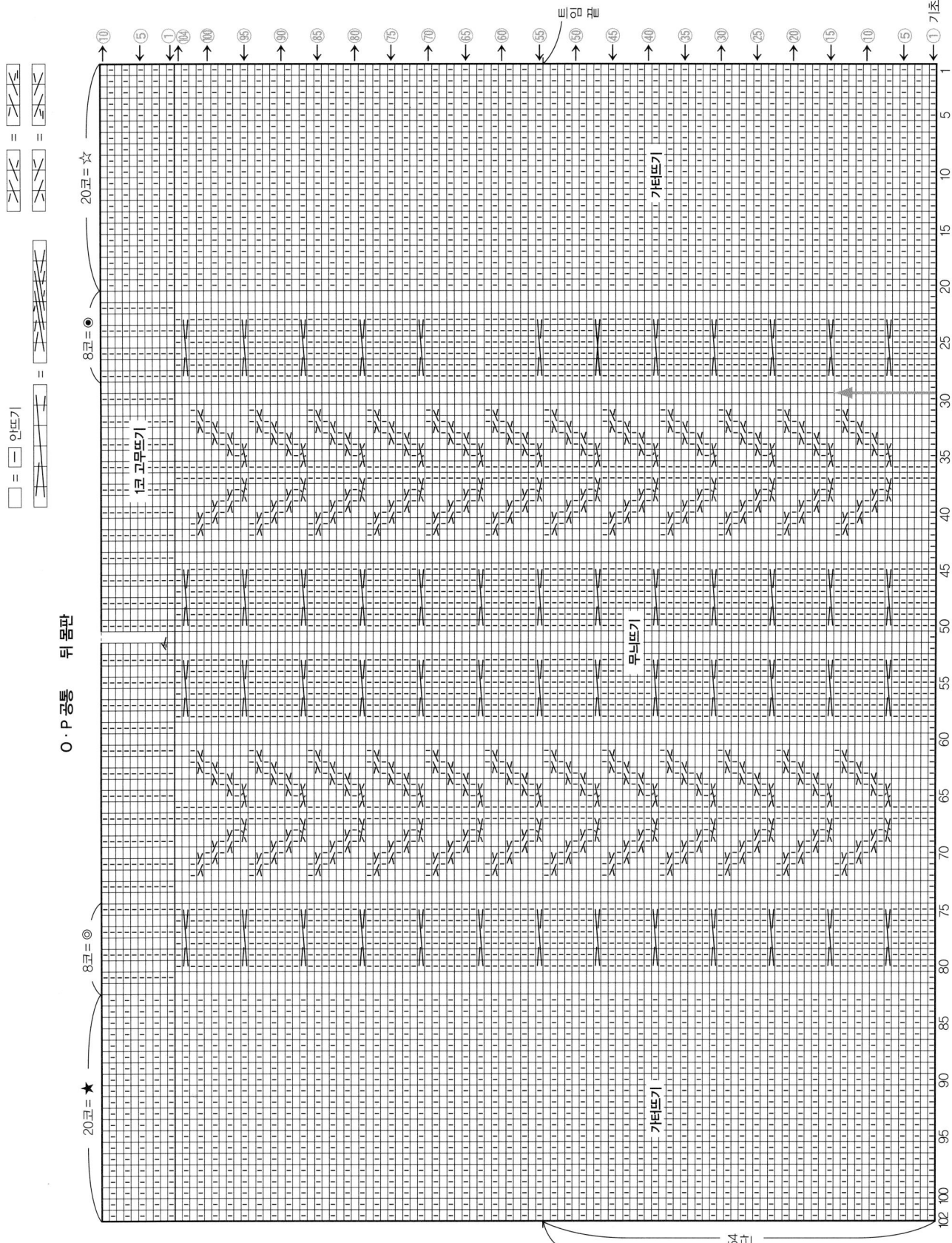

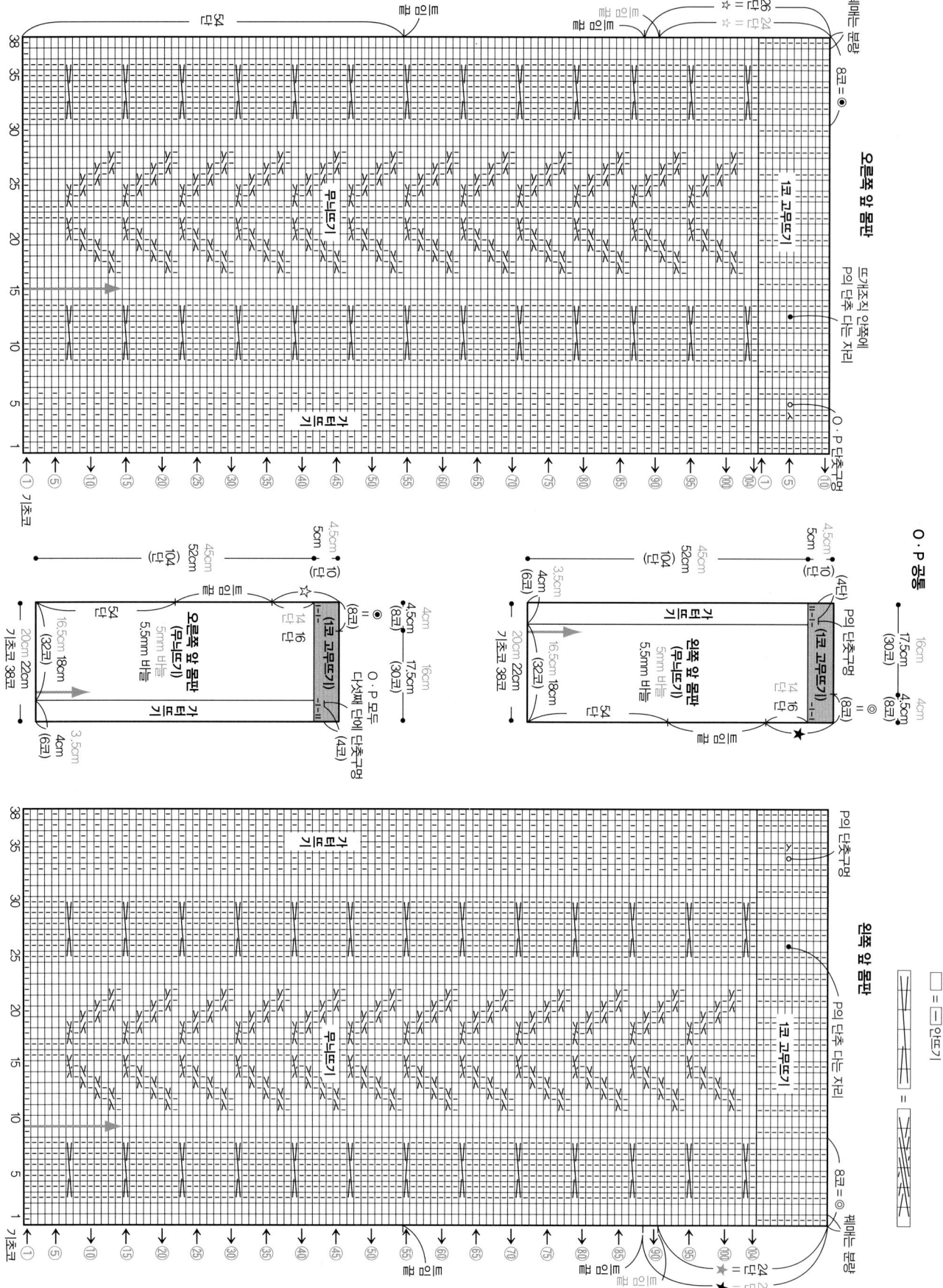

이 책에서 사용한 실

올림푸스 제사(주)

1 에버
모 100%(태즈메이니안 · 코리데일 50% 포함), 40g 1볼, 약 78m, 10색, 대바늘 8~9호(4.5mm~5mm), 코바늘 6/0~7/0호

2 에버 트위드
모 96%(태즈메이니안 · 코리데일 33% 포함) · 나일론 4%, 40g 1볼, 약 78m, 11색, 대바늘 8~10호(4.5mm~5mm), 코바늘 7/0~8/0호

3 메이크 메이크 휩
모(메리노 울 & 태즈메이니안 · 코리데일) 90% · 나일론 10%, 25g 1볼, 약 50m, 9색, 대바늘 8~9호(4.5mm~5mm), 코바늘 7/0~8/0호

4 트리 하우스 리브즈
모(메리노 울) 80% · 알파카(베이비 알파카) 20%, 40g 1볼, 약 72m, 10색, 대바늘 8~10호(4.5mm~5mm), 코바늘 7/0~8/0호

하마나카(주)

5 멘즈 클럽 마스터
모(방축 가공 모 사용) 60% · 아크릴 40%, 50g 1볼, 약 75m, 28색, 대바늘 10~12호(6mm~6.5mm), 코바늘 10/0호

6 캐나디안 3S
모 100%, 100g 1볼, 약 102m, 15색, 대바늘 13~15호(6mm~6.5mm), 코바늘 10/0호

7 캐나디안 3S 트위드
모 100%, 100g 1볼, 약 102m, 8색, 대바늘 13~15호(6mm~6.5mm), 코바늘 10/0호

8 아란 트위드
모 90% · 알파카 10%, 40g 1볼, 약 82m, 13색, 대바늘 8~10호(4.5mm~5mm), 코바늘 8/0호

하마나카(주) 리치모어

9 스펙터 모뎀
모 100%, 40g 1볼, 약 80m, 50색, 대바늘 8~10호(4.5mm~5mm)

10 스타메 트위드
모 70%(메리노 울 50%, 알파카 20%) · 아크릴 30%, 50g 1볼, 약 100m, 13색, 대바늘 9~11호(5mm~5.5mm)

대체 가능한 추천 실

에버	· 필다르 트위드 울 40% · 아크릴 45% · 알파카 10% · 비스코스 5%, 대바늘 4mm~5mm, 코바늘 6호~8호
에버 트위드	
메이크 메이크 휩	· 필다르 알비조(Aviso) 코튼 60% · 아크릴 40%, 50g 1볼, 약 68m, 대바늘 4.5mm~5mm, 코바늘 7호~8호
트리 하우스 리브즈	
멘즈 클럽 마스터	· 바늘이야기 펭귄(Penguin) 슈퍼파인 울 41% · 카멜 27% · 나일론 32%, 50g 1볼, 약 132m, 대바늘 4.5mm~5mm, 코바늘 7호~8호 · 필다르 파트너6(Partner6) 폴리아미드 50% · 울 25% · 아크릴25%, 50g 1볼, 약 66m, 대바늘 5mm~6mm
캐나디안 3S	· 필라투라 디 크로사 시로(Shiro) 그러데이션 아크릴 76% · 라나 울 14% · 폴리아미드 10%, 100g 1볼, 약 250m, 대바늘 6mm~7mm
캐나디안 3S 트위드	· 필라투라 디 크로사 시로(Shiro) 멜란지 아크릴 62% · 라나 울 22% · 폴리아미드 16%, 100g 1볼, 약 250m, 대바늘 6mm~7mm
아란 트위드	· 필라투라 디 크로사 자라 플러스(Zara Plus) 라나 엑스트라 파인 메리노 슈퍼워시 100%, 50g 1볼, 약 70m, 대바늘 4mm~4.5mm
스펙터 모뎀	
스타메 트위드	· 바늘이야기 펭귄(Penguin) 슈퍼파인 울 41% · 카멜 27% · 나일론 32%, 50g 1볼, 약 132m, 대바늘 4.5mm~5mm, 코바늘 7호~8호

*실의 특징에 따라 결과물에 약간의 차이가 있을 수 있습니다.

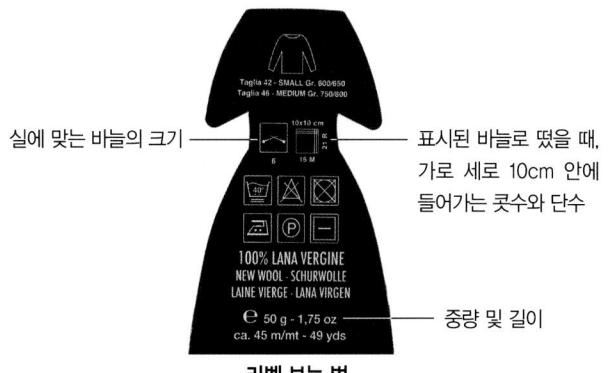

실에 맞는 바늘의 크기 — 표시된 바늘로 떴을 때, 가로 세로 10cm 안에 들어가는 콧수와 단수

중량 및 길이

라벨 보는 법

✗ 대바늘로 즐기는 북유럽 스타일 감성 니트 ✗
북유럽 조끼 손뜨개

초판 1쇄 2014년 9월 23일
초판 7쇄 2023년 10월 23일

지은이 | applemints
옮긴이 | 남궁가윤
감수 | 송영예
펴낸이 | 서인석
펴낸곳 | ㈜제우미디어
출판등록 | 제 3-429호
등록일자 | 1992년 8월 17일
주소 | 서울시 마포구 독막로 76-1 한주빌딩 5층
전화 | 02-3142-6845
팩스 | 02-3142-0075
홈페이지 | www.jeumedia.com
페이스북 | www.facebook.com/jeumedia
블로그 | blog.naver.com/jeumediablog

ISBN 978-89-5952-322-1

값은 뒤표지에 있습니다.
파본은 구입하신 서점에서 교환해 드립니다.

| 만든 사람들 |
출판사업부총괄 | 손대현
기획편집 | 홍지영
기획팀 | 전태준, 김용진, 김혜리, 신한길, 윤여은, 여인우
영업 | 김응현, 김영욱, 박임혜
제작 | 김금남
디자인 | 올디자인그룹
인쇄·제본 | ㈜신우디피케이, 정민제본